汉语语法教学模式探究

HAN YU YU FA JIAO XUE MO SHI TAN JIU

王燕飞　伍英姿　吕蔚｜著

前言

 我们在教学中,时常感到语言教学中存在的"教"与"练"的矛盾。教学内容需要讲解,通过讲解促进理解,提升认知。教学内容多,讲解所占用的课堂教学时间势必就多。然而,要实现知识在理解基础上的灵活运用,充足的练习环节不可或缺。鉴于课堂教学时间的有限性与教学内容的广泛性需保持平衡,所以"讲"和"练"的平衡一直以来是一个难以解决的问题。

 语言教学长期以来存在形式与意义难以平衡的矛盾,所以历史上教学法的变革也在重形式与重意义之间来回摇摆。聚焦形式的教学法注重语言运用的准确性,而聚焦意义的教学法则着眼于内容的表达。语法教学,属于语言教学中语言形式教学的一部分,一直以来也存在两种不同的倾向。一种倾向认为语法准确性很重要,所以侧重语法知识的理解。由于语法内容相对来说比较抽象,难以理解,所以注重理解的语法教学法重视知识传授,削弱了语法的应用。另一种倾向则认为流利的表达更重要,所以侧重语法的应用,注重操练,强调在大量输出的过程中自然习得语法的意义和用法。所以,语法应用的准确性和流利性常常难以同步提高。

 若想提高语法习得的准确性,需要对语法的构成要素和语法习得偏误进行细致的考察,通过习得偏误识别语法习得难点,探索偏误形成的深层原因,只有精确识别问题,在教学中才能有的放矢,采取有效措施针对性解决。通过偏误考察,我们发现,语法的习得偏误主要有两大类：一类是表层的结构性偏误；一类是深层的应用性偏误。结构性偏误表现在语序混乱或者目标语法点搭配词语的误用，而应用性偏误则体现在选择不恰当的语法项目进行表达。传统的教学更侧重于结构的教学，而比较容易忽视语用平面的教学。这是因为，语法的语用平面需要在动态的语境中进行考察，其掌握难度远远大于静态结构的把握。很多语法参考书和教材对语法点的语用平面的阐释也很欠缺，要么完全忽略语用平面，要么解析时语焉不详或者不够全面。究其原因，在于对语用平面的构成要素缺乏了解，具体到各个语法点，不清楚语用平面的具体内容，因而导致大量语用偏误的产生。

因此，语法教学应当着重强化语用平面的教学。首要任务是增强对语用平面理论研究的关注度，深入分析语用平面的构成要素，并建立起语用平面研究的理论框架，以此作为探索具体语法点语用平面内容的指导。随后，需将这一理论应用于实践，把语用平面的研究成果融入语法教学中。然而，语法教学并非仅仅在课堂上直接复制语用平面的内容，而应当更加重视教学方法与模式的创新，采用适当的方式，既巧妙地传授语用平面知识，又灵活地组织练习，唯有如此，方能实现最佳的教学效果。

本书首先对语法语用平面的构成进行初步探讨，并以此为基石，进一步探究语法教学的策略与模式，旨在调和语法教学中"讲"与"练"的矛盾，使"教"更精准，"练"更高效。

任务型教学法，其秉持的理念是"用中学"，在运用语言完成任务的过程中，自然习得语言。因此，将语法教学与任务型教学法相结合，能够为语法的实际应用提供宝贵的实践机会。然而，任务型教学法本身，并不足以有效减少语言偏误从而提高语言形式的准确性。任务型教学法要想提高语言应用的准确度，就得在任务开展前下功夫，要在语言知识的讲解和操练方面有充足的准备，为任务型活动的顺利开展奠定坚实基础,使学习者对语言形式的理解和运用有充分的认知和较高的应用能力。此时,任务型教学法才能发挥最佳的效果。

在语法教学的探索中,核心问题在于应教授哪些内容、采用何种方式,把握好这些问题方能切实增强学生的语法应用能力。任务型教学法的实施策略及其如何有效提升语法的准确性,是笔者在汉语教学领域内长久以来尤为关注的一个焦点。在教学中,笔者发现,虽然语法的应用被强调,然而,应用并不只是"用"那么简单。知道怎么用,什么时候用,然后有恰当的应用场景,且能激发学生大量运用目标语法点进行实际交流,才能切实推动应用能力的提升。因此,语法教学中语用平面的深入教学极为关键,而语法操练的生成性、与生活关联的紧密度则成为语法教学法的重要评估标准。

在教学过程中,问题的解决与学生能力的提升应当是相互统一、相辅相成的,即问题的有效解决自然而然地会带来学生能力的提升。为了使语法教学与任务型教学能够实现完美的融合,我们需要对整个教学流程——包括教、练、用的内容与方法——进行深入细致的研究。这要求我们对教学内容与方法进行详尽的考察,不断发现问题并解决问题,唯有如此,才能真正实现学生能力的提升。

后方法鼓励一线教师转变为反思型与研究型教育者,要求教师在教学实践中持续审视并反思教学相关问题,积极探索解决问题的策略,进而基于这些教学问题发展其研究能力。作为国际中文教育领域的一线教师,笔者本人在教学过程中持续地对语法教学进行深刻反思,渴望找到更为有效的解决方案。本书聚焦于语法教学与任务型教学中存在的问题,旨在将两者有机结合,研发出一套能够提升语法应用准确性、流利性、复杂性及得体性的教学模式。此模式意在弥补传统语法教学方法与任务型教学法之间的缺口，构建两者之间的桥梁，从而实现从教师教学到学生实际应用的衔接与融合。

尽管我们对此项研究倾注了极大的热忱，但我们深知科学探索之路漫漫，不可能一蹴而就，故本研究尚存广阔的进步空间。同时，我们也坦诚地认识到自身能力的局限性，纰缪挂漏，在所难免，敬请各位专家批评指正。尽管存在诸多不完善之处，本书仍可视为我们向这一研究领域迈进的一小步，是对当前阶段成果的一次总结与记录。我们愿以谦逊之心将其付梓，期盼本书能激发更多同行的交流与探讨，若能为您带来一丝灵感，我们将不胜欣慰。

本书为教育部中外语言交流合作中心 2023 年国际中文教育研究重大课题"国际中文教育服务'一带一路'建设路径和效果评价研究"(23YH06A)的阶段性研究成果，受华南师范大学国际文化学院专著、教材出版基金资助，受广东省高校哲学社会科学汉语学习与国际推广重点实验室资助，在此特别致谢。

王燕飞

2024 年 5 月

于华南师范大学田家炳楼

第一编 理论篇

第一章 教学模式与教学方法 ········· 3
第一节 教学模式 ········· 3
一、教学模式的定义 ········· 3
二、教学模式的作用 ········· 5
三、教学模式的分类 ········· 8
四、教学模式的构成要素 ········· 10
五、教学模式的理论基础——建构主义 ········· 13
第二节 教学方法 ········· 16
一、教学方法的定义 ········· 16
二、第二语言主流教学方法 ········· 16
第三节 教学方法与教学模式之间的关系 ········· 29
一、二者的联系 ········· 30
二、二者的区别 ········· 32

第二章 后方法时代的方法 ········· 35
第一节 后方法理论的发生发展 ········· 35
一、后现代范式的思潮 ········· 35
二、后方法理论的产生和发展 ········· 36

第二节　对后方法的质疑 ·················· 38
　　一、学者对后方法理论的质疑 ············ 38
　　二、后方法理论的局限 ·················· 41
第三节　后方法理论的核心理念 ············ 44
　　一、后方法理论主张为教师赋权 ·········· 44
　　二、后方法理论主张方法的灵活性 ········ 46
　　三、后方法理论主张方法的创新 ·········· 48
第四节　后方法时代如何为教师赋能 ········ 49
　　一、后方法如何为教师赋能 ·············· 50
　　二、后方法理论对本研究的启示 ·········· 53
第五节　后方法时代国际中文教师的发展 ···· 55
　　一、国际中文教师需要参与教学法的改革创新 ······ 56
　　二、国际中文教师需要具有改革创新方法的能力
　　　　···························· 56

第三章　语言教学中形式与意义的平衡 ········ 59
第一节　语言的形式与意义 ················ 59
　　一、语言形式和意义的内涵 ·············· 59
　　二、语言形式和意义的关系 ·············· 60
　　三、偏重意义的教学的问题 ·············· 60
　　四、偏重形式的教学的问题 ·············· 61
第二节　形式、意义与语言能力 ············ 62
　　一、语言表达的流利性 ·················· 63
　　二、语言表达的准确性 ·················· 64
　　三、语言表达的复杂性 ·················· 65
第三节　外语教学法的矛盾 ················ 66
　　一、聚焦形式的教学方法 ················ 67
　　二、聚焦意义的教学方法 ················ 68

　　　　三、形式和意义并重的教学方法 ………………………… 69
　第四节　平衡形式与意义的语法教学策略 ………………… 70
　　　　一、突出语用平面教学 ……………………………… 70
　　　　二、主题式操练 ……………………………………… 72
　　　　三、任务型活动 ……………………………………… 74

第四章　语言能力 …………………………………………… 78
　第一节　语言能力的构成 …………………………………… 78
　　　　一、语言能力的内涵 ………………………………… 78
　　　　二、语言能力的外延 ………………………………… 80
　第二节　语言能力的培养 …………………………………… 83
　　　　一、提高对语言知识的认知能力 …………………… 83
　　　　二、提高运用语言交际的能力 ……………………… 83
　第三节　外国人学语法的问题 ……………………………… 87
　　　　一、问题与能力的关系 ……………………………… 87
　　　　二、外国人学汉语语法时存在的问题 ……………… 88
　第四节　语法教学存在的问题 ……………………………… 91
　　　　一、语法书对语法点的解析问题 …………………… 92
　　　　二、常见语法教学法的问题 ………………………… 93
　　　　三、语法语用平面教学的问题 ……………………… 95
　　　　四、语法教学问题的解决策略 ……………………… 97

第五章　语法任务型教学法 ………………………………… 109
　第一节　任务型教学法的发生和发展 …………………… 109
　　　　一、任务型教学法的发生发展 ……………………… 109
　　　　二、不同倾向的任务型教学形式 …………………… 110
　　　　三、语法与任务型教学法的结合 …………………… 114
　　　　四、当前的任务型教学模式 ………………………… 115
　第二节　语法任务型教学法 ……………………………… 117

　　　　一、语法教学采用任务型教学法的必要性……… 117
　　　　二、任务型教学法存在的不足……………… 119
　　　　三、任务型教学法的改革…………………… 124

第六章　以语用为导向的语法教学模式…………… 131
　第一节　语用平面范畴的探索………………………… 131
　　　　一、语用平面构成要素———语法使用条件…… 132
　　　　二、语用平面构成要素二———典型使用场景…… 133
　　　　三、语用平面构成要素三———语法的表达功能
　　　　　　………………………………………… 136
　第二节　以语用为导向的语法教学模式构建………… 139
　　　　一、三平面讲解……………………………… 139
　　　　二、主题式操练……………………………… 145
　　　　三、任务型教学……………………………… 153
　第三节　教学模式存在的问题及解决方案…………… 156
　　　　一、语用平面教学存在的困难……………… 156
　　　　二、课堂教学耗时长的问题………………… 159
　第四节　以语用为导向的语法教学模式的作用……… 162
　　　　一、学生语法应用能力的提升……………… 163
　　　　二、学生学习兴趣的增强…………………… 163
　　　　三、课堂氛围的提升………………………… 164

第二编　以语用为导向的语法教学模式案例

第七章　结果补语案例…………………………… 169
　第一节　结果补语的句法和语义研究………………… 169
　　　　一、结果补语的句法………………………… 169
　　　　二、结果补语的语义………………………… 171

第二节　结果补语的语用分析 ·················· 173
　　　　一、结果补语的语用偏误分析 ············· 173
　　　　二、结果补语的语用平面总结 ············· 178
　　第三节　结果补语的教学设计 ·················· 179
　　　　一、三平面讲解 ························· 179
　　　　二、主题式操练 ························· 182
　　　　三、任务型教学 ························· 184

第八章　情态补语案例 ······························· 185
　　第一节　情态补语的偏误分析 ·················· 185
　　　　一、情态补语的结构性偏误 ··············· 186
　　　　二、情态补语的语用性偏误 ··············· 186
　　第二节　情态补语的语用分析 ·················· 191
　　　　一、情态补语的两种类型 ················· 191
　　　　二、情态补语的使用条件 ················· 192
　　　　三、情态补语的表达功能 ················· 193
　　　　四、情态补语的典型使用场景 ············· 193
　　第三节　情态补语的教学设计 ·················· 194
　　　　一、三平面讲解 ························· 194
　　　　二、主题式操练 ························· 197
　　　　三、任务型教学 ························· 203

第九章　可能补语教学案例 ··························· 205
　　第一节　可能补语的句法和语义研究 ············ 205
　　　　一、可能补语的句法 ····················· 205
　　　　二、可能补语的语义 ····················· 205
　　第二节　可能补语的语用分析 ·················· 206
　　　　一、可能补语与能愿动词"能"的区别 ······ 206
　　　　二、可能补语的语用总结 ················· 211

第三节　可能补语"V+得/不+了"的教学设计 ………… 213
　　一、三平面讲解 …………………………………… 213
　　二、主题式操练 …………………………………… 214
　　三、任务型教学 …………………………………… 216
参考文献 ………………………………………………… 219

第一编
理 论 篇

第一章
教学模式与教学方法

第一节 教学模式

一、教学模式的定义

20世纪末至21世纪初,"教学模式"研究逐渐成为研究的热点之一[①]。刘颂浩指出,在对外汉语教学诸多研究问题中,教学模式研究是重中之重[②]。

关于教学模式,布鲁斯·乔伊斯(Bruce Joyce)认为,教学模式就是学习模式,教学的主要任务就是培养高效率的学习者。一种教学模式就是一种学习环境,包括如何安排学科、课程、单元、课题以及设计的教学资料。教学模式包括能使学生学习即刻见效的简单、直接的程序和使学生从耐心、熟练的教授者那里

[①] 吴勇毅:《汉语作为第二语言/外语教学法研究四十年之拾穗》,《国际汉语教育(中英文)》2018年第4期。
[②] 刘颂浩:《教学模式讨论和对外汉语教学学术环境建设》,《华文教学与研究》2016年第1期。

逐步获得的复杂的学习策略①。从乔伊斯的表述中,我们可以看出他认为教学模式包括教学程序和学习策略,对学生的学习有重要的作用。

吴勇毅把教学模式视为一个在一定的教学和学习理论指导下,以实现教学各基本要素(教学目标、教学大纲、教学内容、教材、教学技术/手段、教学方法/策略、师生角色、教学活动和教学环境等)之间组合为最优化方案的系统,优化组合的结果体现为一种可以拷贝的"标准样式"②。刘颂浩认为教学模式包括指导理论、教学目标、教学程序及实施办法等要素③。

教学模式是在一定教学思想或教学理论指导下建立起来的较为稳定的教学活动结构框架和活动程序。它不仅是教学理论的具体化,也是教学实践经验的概括化的形式和系统,具有多样性和可操作性。教学模式作为结构框架,突出了教学活动整体及各要素之间内部的关系和功能。它从宏观上把握教学活动的各个方面,确保教学活动的有序进行。教学模式还表现为一种活动程序,突出了教学活动的有序性和可操作性。它规定了在教学活动中师生先做什么、后做什么,以及各步骤应当完成的任务。任何教学模式都指向和完成一定的教学目标。在教学模式的结构中,教学目标处于核心地位,并对构成教学模式的其他因素起着制约作用。它决定着教学模式的操作程序和师生在教学活动中的组合关系,也是教学评价的标准和尺度。

---

① [美]Bruce Joyce 等:《教学模式》,荆建华等译,中国轻工业出版社 2002 年版,第 7—15 页。
② 吴勇毅:《关于汉语教学模式创建之管见》,《华文教学与研究》2014 年第 2 期。
③ 刘颂浩:《中国对外汉语教学模式的创建问题》,《华文教学与研究》2014 年第 2 期。

二、教学模式的作用

教学模式在教学活动中发挥着重要作用,它能够将教学理论转化为具体的教学行为,为教师提供可操作的教学框架。同时,教学模式还能够促进教学理论与实践的结合,提高教学效果和质量。此外,教学模式还具有相对稳定性,能够在一定程度上适应不同学科和教学内容的需要。

(一)教学模式对于教学的作用

1. 理论指导与实践操作的桥梁

教学模式是教学理论与教学实践之间的桥梁。它将抽象的教学理论转化为具体、可操作的教学程序和策略,使教师能够在实际教学中应用这些理论,从而提高教学效果。同时,教学模式也通过对教学实践的概括和总结,为教学理论的发展提供实证基础和反馈。

2. 规范教学活动

教学模式为教学活动提供了一个相对稳定的结构框架和活动程序。这有助于规范教师的教学行为,确保教学活动的有序性和系统性。在教学模式的指导下,教师能够清晰地了解教学活动的各个环节和步骤,以及每个环节的目标和要求,从而更加有效地组织和管理教学。

3. 促进教学目标实现

教学模式的设计往往围绕特定的教学目标展开。它明确了教学活动的方向和重点,使教师能够针对性地开展教学工作。通过实施教学模式,教师可以更好地引导学生掌握知识、发展能力,以及培养情感、态度、价值观等目标,从而促进学生全面发展。

4. 推动教学改革与创新

教学模式的不断创新和发展是推动教学改革的重要动力。随着教育理念和技术的不断更新,传统的教学模式可能无法满足现代教学的需求。因此,探索和开发新的教学模式成为教学改革的重要任务之一。这些新的教学模式不仅能够解决传统教学模式存在的问题和不足,还能够为教学带来新的活力和创新点。

(二) 教学模式对于学生的作用

乔伊斯认为,教学模式也是学习模式[①]。教学模式是促进学生智力发展的重要途径之一,并且能够教给学习者自我教育的方法。对于学生来说,教学模式的研究具有重要的意义和作用。

1. 增强学生的学习动力和自信心

教学模式也是学生的学习模式,因此教学模式不可避免地要研究学生的学习风格、兴趣点和能力水平,以使教学模式更能适应不同学生的学习特点,更有效地激发学生的学习动力和自信心。当教学模式符合学生的兴趣和需求时,更容易使学生产生学习动力并积极参与其中。同时,在完成学习任务的过程中,学生获得认可,学习的自信心和兴趣也会得到增强。这种积极的情感体验有助于激发学生的学习热情和潜力。

2. 提升学生的学习能力

教学模式对学生学习能力的塑造具有深远影响,它既是教师引导教学的方法论,也是学生吸收知识、掌握技能的框架。在这个过程中,教师不仅传授信息、启迪思想、培养技能、传递价值观念,还引导学生形成独特的思维模式和有效的表达方式。更重要的

---

① [美]Bruce Joyce 等:《教学模式》,荆建华等译,中国轻工业出版社 2002 年版,第 7—8 页。

是，教师在这一互动中，也在潜移默化地教导学生如何高效地学习，为他们构建自主学习的能力奠定基石。

语言教学模式旨在增强学生的多方面能力，包括促进他们对语言知识的自主建构，提升查找与有效利用信息的能力，培养与他人积极分享知识的意愿与技巧，激发他们发现问题并解决问题的能力，强化在团队中相互协作的默契，以及拓展跨文化交流与理解的能力。

(三) 教学模式对于教师的作用

1. 促进教师的专业发展

教学模式的研究和实施需要教师具备一定的专业素养和能力。在探索和应用教学模式的过程中，教师需要不断学习新的教学理论和技能，提高自己的专业素养和教学能力。同时，教师还需要反思自己的教学实践和教学效果，不断调整和完善教学模式，以适应不同学生的需求和特点。这种过程有助于促进教师的专业发展和成长。

2. 丰富教师的教学手段

不同的教学内容、教学对象，要求教师采用不同的教学方法和教学手段，因此教师在教学中要具有较大的灵活性和适应能力。

不同的教学模式可以为教师提供不同的教学手段、方法和教学方案。例如，探究式学习，帮助教师引导学生主动探索、发现问题；合作学习则可以帮助教师探索如何组织学生进行小组讨论、交流思想。这些多样化的教学手段有助于教师丰富自己的教学方法库，提升教学的灵活性和有效性。

3. 提高教学效率和效果

教学模式通过优化教学程序和策略，能够提高教学效率和效果，帮助教师减少无效劳动和重复劳动，使教学更加高效和精准。

同时，教学模式还能够激发学生的学习兴趣和积极性，提高学生的学习效果和学习满意度。

近些年来，教学模式成为国际中文教育的研究热点。吴勇毅把原因大致归纳如下：一是大家对现有教学模式不满意。这种不满意既来自课堂教学，也针对教学管理，核心是对教学质量、教学效率/效果的不满意，因此试图从各个角度去探索改革与创新。二是随着汉语学习的蓬勃发展，汉语作为第二语言/外语教学的规模不断扩大，但师资培养和培训却跟不上，因此，不少人希望寻找到或创建出一些可以"简单"复制或克隆的"有效"的教学模式以应对日益庞大的学习群体，应对"教学规模化的发展趋势"。三是为了解决教学理论与教学实践互相脱节的问题。教学模式被视为沟通教学理论和教学实践的中介和桥梁，新的教学理念、教学法（包括"后方法"的教学思想）层出不穷，如何贯彻到教学实践，乃至课堂教学中去，需要通过一定的作为媒介的教学模式去实施才行。四是学界逐渐认识到，由于"教学模式不但与教学有关，更与管理息息相关，可以说是牵一发而动全身"[①]，因此，"在对外汉语教学诸多研究问题中，教学模式研究可谓重中之重"[②]。

三、教学模式的分类

乔伊斯的教学模式理论在教育领域具有广泛的影响。他提出的教学模式理论主要基于对教学实践的深入分析和理论概括，将众多教学模式归纳为四种基本类型：社会型教学模式、信息加工型

---

① 吴勇毅：《汉语作为第二语言/外语教学法研究四十年之拾穗》，《国际汉语教育（中英文）》2018年第4期。
② 刘颂浩：《教学模式讨论和对外汉语教学学术环境建设》，《华文教学与研究》2016年第1期。

教学模式、个人型教学模式、行为系统型模式①。这些类型在现代教育中仍具有重要的指导意义。

(一) 社会型教学模式

该模式的理论基础是社会互动理论,强调学生如何学习社会行为以及社会影响如何促进学业的提高,重视学习过程中的社会互动和合作,推崇合作性学习,注重教师与学生、学生与学生的相互影响和社会联系,着眼于学生社会性品格的养成。它认为学习是在与他人的交往中发生的,通过讨论、协商、分享和反思等活动,学生可以深化对知识的理解和应用。社会交往教学模式鼓励小组合作、角色扮演、辩论和模拟等教学活动,以培养学生的沟通能力、团队协作精神和批判性思维。这种模式在社会科学、语言教学和项目管理等领域的教学中尤为重要。

(二) 信息加工型教学模式

该模式的理论基础是信息加工理论,把教学看作一种创造性的信息加工过程。其特点是强调知识的获得和智力的发展,强调学习者如何接收、处理、存储和检索信息。它借鉴了认知心理学的理论,特别是信息加工理论,关注学习过程中的认知机制。在信息加工教学模式下,教师会设计教学活动以促进学生的注意、记忆、理解和应用新知识的活力。这种模式在现代教育中,特别是在计算机科学、数学和语言学等领域的教学中非常普遍。

---

① [美]Bruce Joyce 等:《教学模式》,荆建华等译,中国轻工业出版社 2002 年版,第 16—29 页。

(三) 个人型教学模式

该模式的理论基础是个别化教学理论与人本主义的教学思想。其特点是强调个人在教学中的主观能动性,坚持个别化教学,着眼于人的潜力和整个人格的发展,关注学生的个人成长、自我认知、情感发展以及价值观的形成。它强调教育不仅仅是知识的传授,更是帮助学生发展健全的人格和积极的生活态度。个人型教学模式鼓励教师关注学生的个体差异,通过情感教育、道德教育和心理健康教育等手段,促进学生的全面发展。这种模式在人文社科、艺术教育以及心理健康教育中尤为重要。

(四) 行为系统型教学模式

该模式的基础是以行为主义心理学理论为依据,把教学看作一种不断修正的过程,着重学习者行为习惯的控制和培养。该模式认为学习是通过刺激—反应—强化的过程来实现的。在行为修正教学模式下,教师会设定明确的学习目标,并通过奖励和惩罚等外部手段来强化学生的行为。虽然这种模式在某些情况下(如技能训练和习惯养成)可能有效,但它也受到了许多批评,因为它忽略了学习者的内部动机和认知过程。然而,在现代教育中,行为修正的一些原则(如正面激励和及时反馈)仍然被广泛采用。

四、教学模式的构成要素

教学模式就是在某一教学思想和教学原理的指导下,围绕某一主题,为实现教学目标而形成的相对稳定的规范化教学程序和操作体系①。也就是说,教学模式是在一定教学思想或教学理论指导下建立起来的较为稳定的教学活动结构框架和活动程序。它旨在通过特定的教学理论或思想,为设计和组织教学提供一套基本结构和方法论体系,以指导实际的教学活动。

教学模式的构成要素包括理论基础、教学目标、操作程序、实现条件和教学评价等。这些要素共同构成了教学模式的完整框架,使得教学模式具有指向性、操作性、整体性、稳定性和灵活性等特点。具体来说,教学模式包含以下几个核心要素。

(一) 理论依据

教学模式是基于一定的教学理论或思想建立起来的,这些理论或思想为教学模式提供了坚实的理论基础。

本研究所构建的以应用为导向的汉语语法教学模式,包括语法三平面知识讲解、主题式操练和任务型教学三个组成部分。建构主义和认知心理学是该模式的重要理论基础。建构主义认为,应该发挥学生的积极性和主动性,使其积极参与学习,主动建构知识体系。主题式操练和任务型教学两种方法都可以有效地提高学生语法学习时的参与积极性,而语法三平面知识的讲解,特别是语用平面知识的教学,通过与主题式操练的相互结合,可以有效提高学生对语法知识的理解和认知水平。

(二) 教学目标

教学模式指向和完成一定的教学目标,这些目标在教学模式中处于核心地位,并对其他要素起着制约作用。教学目标决定了

---

① 黄甫全、王本陆:《现代教学论学程(修订版)》,教育科学出版社2003年版,第432页。

教学模式的操作程序和师生在教学活动中的组合关系,也是教学评价的标准和尺度。

语法的教学目标,应该服务于应用,有助于提高学生的应用能力。本项研究的目标在于构建一种以语法应用为核心教学目标的教学模式,目的是提高学生的语法应用能力,帮助学生得体地运用语法进行交际。

(三)教学程序

教学模式规定了教学活动的逻辑步骤和操作程序,它明确了在教学活动中师生先做什么、后做什么,以及各步骤应当完成的任务。这使得教学模式具有一定的有序性和可操作性。

我们所构建的以应用为导向的汉语语法教学模式,包括三平面知识讲解、主题式操练和任务型教学三个步骤。为了提高对语法语用平面知识的理解,将语用平面知识的教学分化融合于主题式操练前、中、后不同的教学环节,明确了该模式的流程,各步骤的具体操作方法,使该教学模式具备有序性和可操作性。

(四)教学评价

教学模式还包括了特有的完成教学任务、达到教学目标的评价方法和标准。这些评价方法和标准有助于检验教学模式的有效性和适用性。

该教学模式主要有生成性、应用性和趣味性三个评价维度,其目的是提高学生准确得体地运用语法进行交际的能力。语法教学模式应该具有生成性,能大量输出目标语法点,为学生提供更多的练习机会。还应该具有应用性强的特点,贴近生活,在练习中帮助学生知道目标语法点的应用场合、使用条件、表达功能。此外,一个成功的教学模式,还应该具有趣味性,可以激发学生的学习兴趣,活跃课堂教学气氛。

从更宏观的角度来看,教学模式是教学现实和教学理论构想的统一体。它一方面来源于教学实践经验的总结和提升;另一方面又是对教学理论的简化和具体化表达。笔者以教学实践为基础,以应用为导向,经过理论构想,设计出一套语法教学模式,为教学实践提供一种相对稳定而又具有可操作性的框架和程序,旨在帮助教师更好地理解和把握教学规律,提高教学效果。

五、 教学模式的理论基础——建构主义

建构主义,是一种关于知识与学习的理论,它强调学习者的主观能动性,认为学习是在社会文化活动中,学习者在原有知识积累基础上生成意义、建构理解的过程。建构主义要求教师要由知识的传授者、灌输者转变为学生主动建构意义的帮助者、促进者,这就意味着教师应当在教学过程中采用全新的教学模式[1]。构建教学模式的理论基础是多方面的,其中最为重要的是建构主义理论。建构主义的核心观点包括主动建构性、社会互动性、学习的情境性。

(一) 主动建构性

建构主义认为,学习不是简单地由教师向学生传递知识的过程,而是学习者主动地建构自己的知识经验的过程。学习者要以已有的经验为基础,通过与外界的相互作用来建构新的理解,这种建构不能由他人代替。

---

[1] 何克抗:《建构主义的教学模式、教学方法与教学设计》,《北京师范大学学报(社会科学版)》1997年第5期。

建构主义强调学习者的主动性和建构性，认为学习不是一个简单的知识传递过程，而是学习者基于自身已有的经验、知识结构和认知方式，通过与外部环境的互动，主动建构新的意义和理解的过程。

在建构主义视角下，学习者不是被动地接受教师传授的信息，而是积极地参与学习过程，通过思考、探索、实验和反思等活动，将新信息与已有知识经验进行整合，从而形成更为丰富和复杂的认知结构。这种建构过程具有个体差异性，因为每个学习者的经验、背景、兴趣和学习风格都是独特的，他们对同一事物的理解和建构也会有所不同。

（二）社会互动性

建构主义强调学习是通过对某种社会文化的参与而内化相关知识和技能、掌握有关工具的过程。这一过程往往需要一个学习共同体的合作互动来完成，通过成员间的互动、交流，促进知识的共享和深化。

这一观点认为，学习不仅仅是个体内部的心理过程，更是与外部环境特别是社会文化环境紧密相关的互动过程。学习者通过参与特定的社会文化实践，如观察、模仿、参与讨论、解决问题等，逐渐内化和掌握相关的知识和技能，以及使用这些知识的工具和方法。

在这个过程中，学习共同体成为一个至关重要的因素。学习共同体是由具有共同学习目标、兴趣或任务的学习者组成的群体。在这个群体中，成员们通过相互之间的互动、交流、合作和共享，共同促进知识的构建、深化和应用。这种互动不仅包括言语上的交流，还包括非言语的沟通、情感的共享和文化的传递。

学习共同体为学习者提供了一个支持性的学习环境，使得学习者能够感受到归属感和安全感，从而更加积极地参与学习过程。在这个环境中，学习者可以相互学习、相互启发、相互激励，共同面对挑战、解决问题，并在这一过程中不断提升自己的认知能力和实践能力。

（三）学习的情境性

建构主义还强调学习环境的重要性。建构主义认为，学习需要教师创设具体的问题情境，因为知识存在于具体的、情境性的、可感知的活动之中。它不是一套独立于情境的知识符号，不可能脱离活动情境而存在。

一个支持学习者主动建构的学习环境应该提供丰富的学习资源、多样化的学习活动和良好的互动机会，以促进学习者的思维发展、问题解决能力和创新能力的培养。在这样的环境中，学习者可以自由地表达自己的观点、与他人分享经验、共同解决问题，并在这一过程中不断深化对知识的理解和建构。

基于建构主义学习理论，产生了许多广泛应用于各类教学的教学模式，如抛锚式教学（也称情景教学或实例式教学）、随机通达教学、支架式教学等。这些教学模式都体现了建构主义的核心观点，强调学习者的主动性、社会互动性和学习的情境性。

建构主义学习理论对现代教学模式的构建产生了深远的影响，它促使教育者重新审视传统的教学理念和方法，强调学习者的主体地位和主动性，注重教学情境的创设和社会互动的重要性。这些理念和方法的应用，有助于激发学生的学习兴趣和动力，提高教学效果和质量。

第二节 教学方法

一、教学方法的定义

教学方法是指为完成一定的教学任务,师生在共同活动中采用的策略和手段。它既包括教师教的方法,也包括学生学的方法,是教的方法和学的方法的统一。

教学方法通常按照教学活动的外部形态来区分,以第二语言教学法为例,常见的有翻译法、直接法、听说法、交际法等,每种方法都具有独特的教学功能。

二、第二语言主流教学方法

世界语言教学法经历了语法翻译法、直接法、听说法、功能法、交际法,直至今日的任务型教学法,每个时期都有不同的侧重,都曾在语言教学上发挥过作用[1]。第二语言教学方法,从历史演变过程来看,主要包括语法翻译法、直接法、听说法、交际法、全身反应法、认知法、基于任务的教学法、基于项目的教学法和基于内容的教学法等[2]。

---

[1] 赵金铭:《对外汉语教学法回视与再认识》,《世界汉语教学》2010年第2期。
[2] 武和平、武海霞:《外语教学方法与流派》,外语教学与研究出版社2014年版,第2—7页。

下面介绍第二语言教学史上比较有影响力的四种方法。

(一) 语法翻译法

语法翻译法是一种历史悠久的外语教学方法。它强调语法规则的学习和词汇的记忆,以系统的语法知识为纲,依靠母语,通过翻译手段,主要培养第二语言读写能力。这种方法注重语言形式的准确性,但可能忽视口语和交际能力的培养。

1. 语法翻译法的理论基础

语法翻译法的语言学理论基础是历史比较语言学。这一理论认为,所有语言都起源于一种共同的原始语言,语言规律是普遍的,词汇所代表的概念也是相同的,不同之处主要在于词汇的语音和书写形式。因此,通过两种语言的互译和语法关系的替换,学习者能够掌握另一种语言。这一理论为语法翻译法提供了坚实的语言学支撑,使得翻译和语法比较成为教学的重要手段。

2. 语法翻译法的主要原则

(1) 以语法为中心

语法翻译法将语法规则的学习置于外语学习的核心地位,认为掌握了语法规则就能有效地理解和使用外语。这一方法主张,通过深入理解和掌握语法规则,学生能够更有效地解析外语的句子结构,进而在阅读、写作和翻译等活动中更加准确地理解和运用外语。在这种教学方法下,教师会系统地教授语法知识,并通过例句和练习来强化学生的理解和应用能力。学生被要求分析句子成分,识别语法结构,并能够将复杂的句子分解为简单的部分进行理解和翻译。

(2) 书面语优先

语法翻译法重视书面语的教学,认为书面语是语言的基础和精华,口头表达则被视为书面语的派生物。在这种教学方法的视角下,书面语被视为语言最规范、最严谨的表达形式,是理解和掌握语言结构、词汇和语法规则的重要途径。

语法翻译法强调通过阅读经典文学作品、学术论文等书面材料来提升学生的语言素养,认为通过精读这些材料,学生可以学习到语言的精确表达方式和丰富的文化内涵。

(3) 母语依赖

在翻译过程中大量使用母语,通过母语与外语之间的互译来帮助学生理解和学习外语。同时,通过翻译练习,学生可以将外语的书面语与母语进行对照,从而更深入地理解外语的语法结构和词汇用法。

(4) 精读为主

注重阅读经典文学作品和学术文章,通过精细阅读来提高学生的语言能力和文化素养。在这种教学方法下,教师会选择具有代表性和深度的书面材料,如经典文学作品、学术论文等,引导学生进行深入的阅读和分析。

通过阅读这些经典作品,学生可以接触到丰富的语言现象和文化内涵,从而加深对语言结构和词汇用法的理解。同时,精细阅读也要求学生仔细分析句子结构、识别语法特征、理解语境意义,进而提升学生的语言感知能力和分析能力。

3. 语法翻译法的程序

(1) 词汇学习

语法翻译法的教学流程中,第一步且至关重要的一环通常是词汇学习。在这一阶段,学习者首先需要掌握大量的单词和短语,这不仅仅局限于它们的发音和拼写,更重要的是理解每个词汇在其母语中的对应释义。这一过程是语言学习的基石,它不仅能够帮助学习者建立起丰富的词汇量,还为后续更复杂的语法结构和句子构造学习奠定坚实的词汇基础。通过扎实的词汇积累,学生可以更加自信地应对后续的语言学习任务,逐步提升综合语言运用能力。

(2) 语法讲解

语法翻译法的第二个核心步骤聚焦于语法讲解。在这一环节中,教师会借助详细的讲解或教材内容的展示,带领学生系统地学习并掌握语言的语法规则和结构。学生们需要深入理解各种语法现象,包括时态、语态、句子成分、结构、语序、虚词用法等,这是他们能够准确构建句子、表达思想的关键。通过这一步骤的学习,学生不仅能提升对语言结构的敏感度,还能为后续的读写及口语表达打下坚实的基础,确保在运用语言时能够准确无误。

(3) 例句翻译

语法翻译法的第三步通常涉及例句翻译的实践。在这一阶段,教师会精心挑选一些例句,这些例句中融入了新学的词汇和语法点。学生被要求将这些例句翻译成他们的母语,或者反过来,从母语翻译成目标外语。这样的练习不仅有助于学生更深刻地理解新学的语言点,还能有效锻炼他们的翻译技巧,提高其在不同语言间转换表达的能力。通过不断实践,学生可以逐渐掌握如何在不同语境中灵活运用所学词汇和语法,使自身的语言运用更加地道和准确。

(4) 课文阅读

语法翻译法的第四步,着重于课文阅读与实践。这些课文往往源自经典文学作品或严谨的学术文章。通过阅读这些课文,学生不仅能在实际语境中再次遇到并巩固之前学习的词汇与语法知识,还能逐步提升他们的阅读理解能力。翻译课文的过程,既是对新知识的一次复习,也是对其应用能力的一次检验,有助于学生更好地理解语言的深层次含义及文化背景,从而在语言学习上达到一个新的高度。

(5) 写作练习

语法翻译法的最终环节,也是至关重要的一步,便是写作练习。在这一阶段,学生被鼓励积极运用所学词汇与语法知识,以外语进行书面表达。通过撰写文章、故事或报告等形式,学生不仅能够将之前学习的理论知识转化为实际的语言运用技能,还能在实践中不断磨砺和提升自身的写作水平。这一过程不仅加深了他们对语言的理解,还锻炼了他们的思维组织和表达能力,为全面掌握外语奠定了坚实的基础。

4. 语法翻译法的优缺点

(1) 优点

第一,语法翻译法注重语言结构的系统性和规范性,通过系统的语法讲解和翻译练习,使学生能够系统地掌握语言的规则和用法。

第二,强调词汇、语法和语义的深入学习,有助于学生打下坚实的语言基础。这种方法特别注重词汇量的积累和对语法规则的深刻讲解,这对于提高学生的阅读和写作能力非常有帮助。

第三,通过大量的翻译练习,学生能够更好地理解语言材料,提高阅读理解能力。同时,通过运用所学词汇和语法进行写作,也能够提高学生的写作能力。

(2) 缺点

第一,忽视听说能力的培养。语法翻译法过分强调阅读和写作能力的培养,而忽视了听说技能的重要性。在这种教学方法下,学生可能能够熟练地阅读和翻译书面材料,但在实际交流中却难以流利地表达自己的思想和理解他人的话语。

第二,缺乏语境教学。语法翻译法往往脱离实际语境进行教学,仅仅关注语言形式的讲解和翻译练习。学生难以将所学的语言知识与实际语境相结合,无法真正理解语言的交际功能和用法。

这种教学方法使得学生在面对真实语言环境时感到无所适从。

第三,过于依赖母语。在语法翻译法中,教师常常使用母语进行解释和翻译,这容易使学生过分依赖母语来理解和学习外语。长此以往,学生可能无法形成直接用外语思考和表达的习惯,从而影响其外语水平的真正提高。

第四,忽视语言交际功能。语法翻译法过分注重语言知识的传授和记忆,而忽视了语言交际功能的培养。学生可能掌握了大量的语法规则和词汇,但在实际交际中却难以灵活运用这些语言知识进行有效的沟通。这导致学生在语言运用上缺乏灵活性和创造性。

(二) 听说法

听说法,又称结构法、句型法[1],是 20 世纪 40 年代在美国产生的一种第二语言教学法。该方法强调通过反复的句型结构操练来培养口语听说能力,其理论基础主要包括结构主义语言学和行为主义心理学,主要目标是帮助学习者听和说,强调听力是第一位的,其次才是口语[2]。

1. 理论基础

(1) 结构主义语言学

结构主义语言学理论是听说法的重要理论基础。任何一种语言都包含着不同的结构等级,换句话说,将不同的结构按照等级关系联系在一起,这就是语言[3]。它进一步主张,为了深入理解语言

---

[1] 袁春艳:《当代国际外语教学法发展研究》,南京师范大学博士学位论文,2006 年,第 26 页。

[2] [美]库玛:《第一讲 语言教学法的历史发展》,刘颂浩、柳江译,《国际汉语教学研究》2017 年第 1 期。

[3] 同上。

的本质,应跨语言地进行结构上的对比研究。在听说法的教学实践中,这一理论基础体现为对语言结构的高度重视,认为通过学习并掌握目的语言的结构规律,是有效习得该语言的关键途径。

(2) 行为主义心理学

行为主义心理学特别是斯金纳(B. F. Skinner)的操作行为主义认为,操作性行为需要产生行为的一定次数来形成反射强度,一个操作的强度与它的产生次数(频率)成比例①。操作行为主义认为言语行为是通过刺激与反应的联结并加以强化而形成习惯。听说法强调通过大量模仿和反复操练来养成新的语言习惯。

2. 听说法的主要原则

(1) 听说领先

听说法的原则之一是听说为主,听说领先②。该原则强调听说领先的重要性,认为听说能力构成了言语活动的基石。在这一教学理念中,听说能力被置于首位,被视为语言学习的核心,而读写能力则是在听说能力的基础上逐渐发展与派生出来的。特别是在学习的初级阶段,该方法主张应优先训练口语,着重培养学生的口语表达能力和听力理解能力,同时辅以读写训练,以此为基础逐步提升学生的综合语言运用能力,确保学生在掌握流利口语的同时,也能在阅读和写作上取得进步。

(2) 反复操练

听说法信奉行为主义心理学,认为习惯形成很重要③。因此,听说法的另外一个核心原则是反复操练,它强调通过模仿、重复以及记忆等手段进行不断实践练习。这种方法旨在帮助学习者通过

---

① 张厚粲:《行为主义心理学》,浙江教育出版社 2003 年版,第 337 页。
② 胡春洞:《外语教学法的综合化多元化趋势》,《外语教学与研究》1983 年第 4 期。
③ [美]库玛:《第一讲 语言教学法的历史发展》,刘颂浩、柳江译,《国际汉语教学研究》2017 年第 1 期。

大量的实际操作,将语言知识内化为自动化的语言习惯。听说法认为,学习第二语言或外语,本质上就是要去养成一套全新的语言习惯,而这一过程离不开反复而系统的训练。通过不断模仿与重复,学习者可以逐步掌握语言的韵律、语调以及表达方式,最终达到流利、自然地运用目标语言的目的。

（3）以句型为中心

听说法在教学理念上特别强调以句型作为核心与基础,口语技能以句型操练为主要内容[1]。它认为,句型是语言教学的基石和中心点,通过有针对性的句型操练,学习者能够逐渐熟悉并掌握每一个句型的结构,进而在交流中自动化地运用它们,从而更有效地掌握目的语。在这一框架下,对话练习和短文阅读都是为了更好地服务于句型学习,帮助学习者在实际语境中巩固和深化对句型的理解与运用,最终达到流利、准确表达的目的。

（4）限制使用母语

听说法与直接法存在传承和整合发展关系。直接法提倡的"口语优先原则、目的语作为教学语言"等原则都表现在听说法中[2]。听说法与直接法的传承关系显而易见。听说法在语言教学中不仅强调以句型为中心,还严格限制母语的使用。该方法主张尽量采用直观教学手段,如实物、图片等,或借助特定的情景和语境,使学习者能够直接在目的语环境中进行理解和表达。即便在某些情况下必须使用母语,其使用量也被严格控制在极少量和辅助性的范围内,以确保学习者能够最大限度地沉浸在目的语环境中,加速语言习得的过程。

---

[1] 袁春艳:《当代国际外语教学法发展研究》,南京师范大学博士学位论文,2006年,第26页。

[2] 同上书,第30页。

3. 听说法的程序

听说法的教学过程通常可以分为五个阶段:认知—模仿—重复—变换(替换)—选择。

(1) 认知

在这一阶段,教师会发出语言信号(主要是句型),同时借助实物、图片、手势、情景等多种辅助手段来说明信号所表达的意思。目的是帮助学习者建立起对新语言材料的初步认知和理解,确保学习者能够准确理解所学内容的意义和用法。

(2) 模仿

当学生理解了新的语言材料后,教师会进行示范,学生则跟着模仿。在模仿过程中,教师会密切关注学生的发音、语调等,并及时纠正错误,学生再根据反馈进行调整和再模仿。通过模仿,学习者能够初步掌握新语言材料的发音、语调等特征,为后续的口语表达打下基础。

(3) 重复

在这一阶段,学生需要不断重复所学的语言材料,直到能够熟练背诵为止。重复练习有助于巩固记忆,形成自动化的语言习惯。通过大量重复练习,使学习者能够熟练掌握新语言材料的发音、语调以及语法结构,为实际运用作好准备。

(4) 变换

教师引导学生进行句子结构的变换(替换)练习,学生需要选择某些词汇、成语和句型,用来描述特定的场面、情景或某一事件。这种练习有助于培养学生灵活运用语言材料进行交际实践的能力。通过变换(替换)练习,学习者能够掌握更多的句型结构和词汇用法,提高语言的灵活运用能力和交际能力。

(5) 选择

学生在一定的语境下,根据所学知识和交际需要,自主选择合适的语言材料进行表达。这既是对前面学习成果的检验,也是语言运用能力的进一步提升。通过选择练习,学习者能够更加自信地运用所学语言进行交际实践,提高语言的综合运用能力。

4. 听说法的优缺点

(1) 优点

听说法作为一种有效的外语教学方法,其核心在于着重培养学习者的听说能力,并特别强调句型训练的重要性。该方法通过精心设计的一系列句型操练活动,旨在全面提升他们的听、说、读、写技能。听说法具有很强的实践性,它不仅仅停留在理论层面,而且鼓励学习者在实际的语言环境中不断练习,从而加深记忆。此外,该方法还十分注重语音语调的准确性与自然性,这有助于学习者形成正确的语言习惯。正是这些特点,使得听说法在外语教学中发挥着重要的作用,帮助学习者成功掌握目标语言,实现流利交流的目标。

(2) 缺点

听说法过分强调听说能力的训练,往往导致对读写能力培养上的忽视。在实际应用中,学生可能能够流利地进行口语交流,但在阅读和写作方面却显得力不从心。此外,听说法中的句型操练有时过于机械,缺乏真实的语境,使得学生在学习过程中难以将所学知识与实际生活相结合。这种缺乏语境的教学方式,不仅限制了学生的语言运用能力,还不利于培养创造性地运用语言的交际能力。

(三) 交际法

交际法,又称为"意念法""功能法"或"意念-功能法"[1],是一种以语言功能项目为纲,培养在特定的社会语境中运用语言进行

---

[1] 张萍、张君:《外语教学法流派理论与实践》,辽宁人民出版社 2017 年版,第 165 页。

交际能力的教学法体系。它强调以学生为中心,教学为学生的交际需要服务,通过模拟真实的交际场景,让学生在实践中学习和运用语言,从而提高其交际能力。

1. 交际法的理论基础

交际法主要基于美国社会语言学家海姆斯(D. H. Hymes)提出的交际能力理论,强调语言的社会文化特性及交际功能,认为语言学习的是为了"交际",因此,其最有效的教学方法也必定是"交际性的"。此外,韩礼德(M. A. K. Halliday)的功能语言理论,也称为系统功能语言学,主要关注语言在社会交往中的作用和语言的宏观功能,即概念、人际和语篇功能。

2. 交际法的主要原则

交际法的原则是关注学习者的协商能力、理解能力和表达能力[①]。这些原则构成了交际法教学的核心。

(1) 协商能力

在交际法中,协商能力被视为语言学习过程中不可或缺的一部分。这包括学习者在交流过程中如何调整自己的语言输出以适应不同的交流对象和情境,以及如何通过提问、澄清请求、重复或确认等方式来确保信息的准确传递。协商能力不仅有助于学习者在交流中保持顺畅,还能促进他们理解并适应不同的语言和文化背景。

(2) 理解能力

交际法强调学习者不仅要能够产出语言,还要能够准确理解接收到的语言信息。这包括听力理解和阅读理解能力。通过提供丰富的、贴近生活的语言材料,交际法帮助学习者在真实的语境中

---

① [美]库玛:《第一讲 语言教学法的历史发展》,刘颂浩、柳江译,《国际汉语教学研究》2017年第1期。

提高理解能力,使他们能够更好地把握语言的含义和用法。

(3) 表达能力

在交际法中,表达能力是学习者语言能力的直接体现。这包括口语表达能力和书面表达能力。通过模拟真实的交际场景,鼓励学习者积极参与讨论、角色扮演等活动,交际法旨在培养他们的语言表达能力和自信心。同时,教师还会关注学习者的语言准确性和流利性,通过适当的反馈和指导帮助他们不断提高。

3. 交际法的程序

交际法的程序包括情境导入、示范模仿、交际活动、总结反思和课外拓展等步骤。

(1) 情境导入

创设情境,激发学生的学习兴趣,为后续的交际活动提供背景。教师利用图片、视频、实物、故事等多种教学手段,创设一个贴近学生生活或学习需求的真实或模拟的语言环境。这个环境应该能够引发学生的兴趣和共鸣,使他们能够迅速进入学习状态。

(2) 示范模仿

通过教师的示范和学生的模仿,让学生掌握基本的交际用语和表达方式。教师首先进行示范,展示如何在特定情境下使用语言进行交际。然后,学生模仿教师的示范,进行口头或书面的练习。在模仿过程中,教师应及时纠正学生的错误,并给予积极的反馈和鼓励。

(3) 交际活动

让学生在真实的或模拟的交际活动中运用所学的语言知识,提高交际能力。教师设计各种交际活动,如角色扮演、小组讨论、辩论赛等,让学生在活动中自由运用所学的语言进行交际。这些活动应具有趣味性、挑战性和实用性,能够激发学生的学习兴趣和动力。

（4）总结反思

帮助学生回顾和总结所学内容,发现存在的问题并寻求改进的方法。在活动结束后,教师引导学生对所学内容进行总结和反思。学生可以分享自己的学习心得和体会,也可以提出自己在交际过程中遇到的问题和困惑。教师则根据学生的反馈进行点评和指导,帮助他们更好地理解和掌握所学知识。

（5）课外拓展

将课堂学习延伸到课外,让学生在更广阔的语言环境中进行实践和应用。教师鼓励学生积极参与课外语言实践活动,如参加英语角、观看英文电影、阅读英文原著等。这些活动不仅能够帮助学生巩固所学知识,还能够提高他们的语言综合运用能力和跨文化交际能力。

4. 交际法的优缺点

（1）优点

交际法强调学生的主体地位,避免了传统教法中以教师为中心的"满堂灌"现象。教师作为学生学习过程的引导者,充分调动学生的主观能动性,使学生在积极参与中提高语言能力。

交际法主张教授贴近生活的言语,营造接近真实场景的课堂氛围。这有助于学生快速掌握在实际生活中能够使用的语言,培养学以致用的意识。通过模拟真实情境和交际活动,交际法能够激发学生的学习兴趣和钻研精神,提高他们的自学能力和语言运用能力。

交际法以功能意念为纲,注重语言的交际功能,使学生能够在不同的语境中灵活运用语言进行交际。从长远来看,交际法教给学生的是实际生活中应用语言的适当技巧,这些技巧是建立在与实际用法十分接近的基础上的。

(2) 缺点

交际法以功能为主编写教材,可能会打乱语法本身的系统,增加了学习语法的困难。对于习惯于传统语法教学方法的学生来说,这可能会带来一定的困惑。

意念-功能项目多种多样,没有统一的标准和规定的项目。这导致在教材编写和教学过程中存在一定的主观性和不确定性。

交际法在处理语言能力和交际能力的关系时存在一定的困难。如何在培养交际能力的同时不忽视语言知识的传授,是一个需要重点解决的问题。

此外,交际法比传统的教学方法更难以评估和测试。因为交际法注重的是语言的实际运用和交际能力,而这些能力往往难以通过传统的笔试或口试来全面评估。

第三节 教学方法与教学模式之间的关系

郑玉琪、陈美华指出,美国应用语言学家爱德华·安东尼(Edward Anthony)给教学方法下了一个定义,他确定了三个层次的概念和结构:教学体系(approach)、教学方法(method)和教学步骤(technique)。瑞恰兹(Richards)和罗格斯(Rodgers)认为,教学方法是一个大的概念,可以覆盖重新经过定义的教学体系、教学设计和教学步骤。对于大多数研究工作者和教师来说,教学方法仍然是一套理论上统能适用于广泛的语境和学习者的课堂步骤[①]。

---

① 郑玉琪、陈美华:《试论"后方法"时代的英语教学》,《外语与外语教学》2007年第10期。

几位学者将教学方法都视为一套课堂教学步骤,由此可见,教学方法和教学模式之间的界限并不分明。

姜丽萍等将外语几种主要的教学方法看作是教学模式,理由是"每一种教学方法都有其相对固定的教学模式"①。吴勇毅认为,教学模式与教学法的关系错综复杂,你中有我,我中有你,很难划清界限②。曹贤文指出,教学模式包含教学法和语言项目两个层面③。

教学模式俗称"大方法"。它不仅是一种教学手段,而且是从教学原理、教学内容、教学的目标和任务、教学过程直至教学组织形式的整体、系统的操作样式,这种操作样式是需要加以理论化的。

教学方法是师生在共同活动中采用的策略和手段。而教学模式是为完成特定的教学目标和内容形成的比较稳定且简明的教学结构理论框架及其具体可操作的教学活动方式。它是对各种教学法及其理论依据和结构所作的纲要式描述,具有概括化、理论化的特点。

教学方法和教学模式"你中有我,我中有你",因为教学方法通常不仅包括具体的教学策略和手段,也常常包括教学步骤和流程。二者既相互联系,又有所区别。

一、二者的联系

教学方法是教学模式的组成部分。教学模式通常包含多种教

---

① 姜丽萍等:《国际汉语教学模式研究》,北京语言大学出版社2023年版,第25页。
② 吴勇毅:《汉语作为第二语言/外语教学法研究四十年之拾穗》,《国际汉语教育(中英文)》2018年第4期。
③ 曹贤文:《试论语言项目视角下国际汉语有效教学模式研究》,《华文教学与研究》2016年第1期。

学方法,这些方法在教学过程中相互配合,共同实现教学目标。和学新认为,从教学理论到教学实践的转化,是从教学理论到教学模式再到教学策略,再到教学方法,再到教学实践,可见教学策略是对教学模式的进一步具体化,教学模式包含着教学策略。教学模式决定着教学策略、教学方法,属于较高层次[①]。

教学模式为教学方法的选择和应用提供了理论框架和指导。在特定的教学模式下,教师会根据教学目标和内容,灵活选择和运用不同的教学方法。

教学模式是在一定教学理论指导下,为了实现特定教学目标,针对教学内容和教学对象的特点,采用不同教学方法,按照一定的教学步骤实施教学活动的框架。

(一) 教学目标影响教学方法

教学目标是指教学活动实施的方向和预期达成的结果,是教师对学生学习后应达到的知识、技能等方面的具体要求。教学目标在教学过程中起着至关重要的导向作用,它直接影响着教学方法的选择与应用。教学目标为教学活动提供了明确的方向,教师需要根据目标的具体内容来选择相应的教学方法。

而教学方法则是为了实现教学目标,教师和学生在共同活动中所采用的方式、手段和程序。因此,教学目标与教学方法之间存在着紧密的相互影响关系。

(二) 教学内容影响教学方法

教学内容对教学方法产生着深远的影响。教学内容是教师向学生传授的知识、技能、观念等信息的总和,它决定了教学活动的

---

① 和学新:《教学策略的概念、结构及其运用》,《教育研究》2000年第12期。

核心内容和范围。而教学方法则是为了有效传递这些内容所采用的方式、手段和程序。因此,教学内容的特性、难度、结构等因素都会直接影响教学方法的选择和应用。

教学内容的性质、难易程度、内容之间的逻辑关系都会影响教学方法的运用,需要教师根据具体情况灵活选择不同的教学方法来呈现。

(三)教学对象影响教学方法

教学对象是教学活动中的主体,他们的特点、需求、学习风格等因素都会直接影响到教学方法的选择和应用。不同年龄段的学生具有不同的认知水平和心理特征,这就要求教师在选择教学方法时要充分考虑学生的年龄特点。每个学生都有自己的学习偏好和风格,有的喜欢通过听觉获取信息,有的则更喜欢视觉或动手实践的方式。因此,教师在选择教学方法时,应尽可能多样化,以满足不同学生的学习风格。学生的知识基础和学习能力存在差异,这也是教师在选择教学方法时需要考虑的因素。

二、二者的区别

首先,二者的层次不同。教学模式属于较高层次的概念,它是对教学活动整体结构的把握;而教学方法则更为具体,是教学活动中的具体手段和措施。

教学模式和教学方法之间的关系,学者们的观点各不相同。

有学者认为,教学模式等同于教学方法,或者教学方法是教学模式的上一层次的概念。例如,马箭飞认为直接法、情景教学法、视听法、交际语言教学法、自然法、暗示法等教学方法本身就是一种教学模式,或者教学法由先后多个教学模式组成①。姜丽萍等将外语几种主要的教学方法看作是教学模式,理由是"每一种教学方法都有其相对固定的教学模式"②。吴勇毅认为,教学模式与教学法的关系错综复杂,你中有我,我中有你,很难划清界限③。

(一) 二者的概念层级不同

我们认为,教学模式、教学方法、教学策略、教学技巧、教学手段,都是解决具体教学问题的方法,这些概念从某种程度上来说都可以看作是教学方法。不过这个"方法"是大方法概念,是宏观概念;我们常说的语法翻译法、听说法、交际法等教学方法则是微观概念;教学模式则是中观概念。

教学模式是教学方法的上一级的概念,因为教学模式是对教学活动整体结构的把握,通常涵盖了教学目标、教学内容、教学程序、教学方法和教学评价等要素,并强调这些要素之间的内在联系和整体功能。在不同的教学步骤,针对具体教学内容,教学方法也各有不同,一套教学模式可以灵活采用多种教学方法。教学模式为教学方法的选择和应用提供了宏观的指导和框架,而教学方法则是教学模式得以实施的具体手段和措施。

(二) 二者的侧重点不同

教学模式侧重于从整体上把握教学活动的结构和流程;而教学方法则侧重于具体的教学手段和措施,以及师生之间的互动方式。

---

① 马箭飞:《汉语教学的模式化研究初论》,《语言教学与研究》2004年第1期。
② 姜丽萍等:《国际汉语教学模式研究》,北京语言大学出版社2023年版,第25页。
③ 吴勇毅:《汉语作为第二语言/外语教学法研究四十年之拾穗》,《国际汉语教育(中英文)》2018年第4期。

教学模式更多是从宏观和理论层面来描述教学活动的整体框架和流程。一个教学模式通常包含教学目标、教学理论、教学策略、教学内容、教学环境、师生互动方式以及教学评价等多个要素，并试图以一种系统化的方式整合这些要素，以指导教学实践。教学模式的选择往往取决于教学目标、学生特点、学科性质以及教学资源等多种因素。

　　教学方法则更侧重于具体的教学手段和措施，以及师生之间的互动方式。教学方法是教学模式中教学策略的具体化，是教师为了完成教学任务、实现教学目标而采用的具体方式和方法。教学方法的选择应根据教学内容、学生特点以及教学环境等因素进行灵活调整，以达到最佳的教学效果。

第二章
后方法时代的方法

第一节 后方法理论的发生发展

20世纪70年代末出现的后现代主义思潮给传统思维方式和学术研究带来了普遍而深刻的影响。受此思潮影响,20世纪90年代初,外语教学领域后方法理论开始萌芽。

一、后现代范式的思潮

从现代范式向后现代范式的转型,标志着哲学思想领域经历了一场深刻的变革。现代范式下,哲学思想倾向于封闭性,高度崇尚科学,并将科学理念推崇至科学主义的高度,万物皆被视为线性、可量化、可预测及可控制的实体。这一范式强调通过严格的标准化流程来实现对世界的掌控与效率的最大化,进步的逐步性和发展的线性练习体现在教育和课程理论中①。

---

① [美]小威廉·E. 多尔:《后现代课程观》,王红宇译,教育科学出版社2015年版,第37页。

然而，在后现代范式的框架下，哲学思想展现出前所未有的开放性，它重新审视了自然与社会的本质，认为自然界乃至人类社会都是一个充满弹性、波动、复杂性、多层次性、多元性、多变性和可持续发展特性的动态系统。这一视角强调世界的非线性和不可完全预测性，鼓励对差异性和多样性的接纳与尊重。

这一哲学思想的转变，不可避免地渗透到了教育领域，特别是课程设计与第二语言（简称二语）教学方法的革新之中。在教育上，后现代范式倡导更加灵活、个性化、情境化的教学模式，鼓励学生主动探索、批判性思考及创造性表达，而非仅仅被动接受标准化的知识灌输。课程设计上，更加注重跨学科整合、实践应用与情感态度的培养，力求在多元文化的背景下促进学生的全面发展。

对于二语教学而言，后现代范式的影响体现在教学方法的多样化与个性化上，强调语言学习的真实语境、文化意识及对学生个体差异的尊重，旨在培养学生的语言综合运用能力和跨文化交际能力，而非单纯的语言技能训练。这一转变体现了教育理念的深刻变革，即从"教为中心"向"学为中心"的过渡，以及从"知识传授"向"能力培养"的转型。

二、后方法理论的产生和发展

范式理论认为科学就是一个不断突破旧范式的科学革命的交替过程。方法时代一直在致力于寻找最佳方法，但人们在教学实践中也逐渐发现，二语教学实践远比专家们在教学理论中所提及的更为复杂，没有任何一种教学法能应对教学中所遇到的各种复杂情形。后方法正是在这种情形下应运而生。

进入21世纪，西方外语教学专家声称，二语教学处于"后方法时代"。库玛（B. Kumaravadivelu）被公认为"后方法"语言教学理论的主要代表人物和集大成者①。后方法语言教学理论学者的基本共识是,否定在二语教学中,教学和教师必须"自上而下"地接受和遵循某种特定的语言教学理论和操作方法的做法。

有学者认为,单一的教学法概念损害而不是提高了人们对语言教学的理解,因为教学发生于复杂的社会、文化、经济和政治关系中,方法"不仅无助于提高,反而有损于我们对语言教学的理解"②。正因为如此,有很多人认为"方法已死"。最先表达这个观点的专家是奥莱特(R. L. Allwright),他在1991年提出了"方法已死"的观点③,普拉布(Prabhu)提出课堂上不存在最佳教学法④。库玛谈到奥莱特"方法已死"的观点,"我从未使用过'方法已死'这个短语。不过,我觉得这一说法是正确的、可以接受的"⑤。

库玛认为,方法是造成理论与实践、知识生产与知识消费二元对立的源头⑥。传统方法的特色是语言学专家生产方法、教师消费方法,是一种自上而下的实践,众多方法的设想和构建主要采用一刀切的做法,而语言教学方法应建立在适应理想语境的理想概念基础之上。由于语言教学的需求和情况千差万别、无法预测,任

---

① 陈力:《外语教学法的"后方法"时代》,《山东师范大学外国语学院学报(基础英语教育)》2009年第3期;崔永华:《后方法时代的汉语教学理论建设》,《国际汉语教学研究》2016年第2期。
② Pennycook, "The Concept of Method, Interested Knowledge, and the Politics of Language", *TESOL Quarterly*, Vol. 23, 1989.
③ R. L. Allwright, "The Death of the Method (Working Paper ♯ 10)", The University of Lancaster, The Exploratory Practice Centre, 1991.
④ N. S. Prabhu, "There Is No Best Method-Why?", *TESOL Quarterly*, No. 2, 1990.
⑤ [美]库玛:《第二讲 超越方法以及后方法教学》,刘颂浩、柳江译,《国际汉语教学研究》2017年第1期。
⑥ [美]库玛:《全球化社会中的语言教师教育:"知""析""识""行"和"察"的模块模型》,赵杨、付玲毓译,北京大学出版社2014年版,第8页。

何理性化的方法都无法预见所有的变量,因此也无法提供针对特殊情境的建议,以便教师面对日常教学遇到挑战时参考①。

第二节　对后方法的质疑

后方法理论在20世纪90年代一经提出,便受到了很多关注,引发了对"方法"的讨论。有的学者彻底反对方法,提出"方法已死"的口号,但是仍有很多学者认为方法不可能消失。后方法理论家指出了传统"方法"一刀切的局限,表达了超越"方法"局限性的渴望。但是,不可避免地,后方法教学法也掩盖了"方法"的积极方面。"方法"既有其局限性,也有其存在的合理性和必要性,所以应厘清后方法理论的意义和局限,阐释后方法时代"方法"存在的必要性和合理性。

一、学者对后方法理论的质疑

(一)后方法时代无法摒弃方法

后方法反对方法中一刀切做法的观点很有见地。然而,在急于埋葬方法的过程中,后方法教学法也掩盖了方法的积极方面。

库玛一方面赞同"方法已死"这个观点,另一方面也主张赋予教师知识和能力,发展属于自己的方法。他认为,学过的那些方法

---

① [美]库玛:《全球化社会中的语言教师教育:"知""析""识""行"和"察"的模块模型》,赵杨、付玲毓译,北京大学出版社2014年版,第9页。

不能完全应用到课堂上,或者说不能以最原始的状态使用,必须做出一些改变和修正。后方法视角旨在为教师装备知识、技能、态度和自主性,使之能够独自创立系统化、协调一致、与自身紧密相关的理论,旨在提升教师能力,使其知晓如何培养反思式方法指导自己的教学①。

由此可见,库玛并非全盘否定方法的重要性,也不意味着他认为教学可以无方法可依,他真正反对的是在教学中过分拘泥于既定教学方法,以及盲目、机械地套用这些方法。

与"方法已死"这种说法相反,一些人认为"方法"一词仍然是对教师在课堂上所做工作的恰当描述。虽然后方法论学者认为,方法在实践应用中作用非常有限,但令人尴尬的是,第 36 届 TESOL 年会上,当一位后方法论学者概述了自己对后方法教学法的激动人心的愿景后,一位听众尖锐地问道:"演讲者描述的实践听起来不是很像方法吗?"②由此可以看出,即使后方法论学者也无法在教学实践中真正地、完全地摒弃方法。事实上,教师在教学实践中从未真正受到方法的束缚。

陶健敏提出,"后方法"所指的方法概念本身还值得进一步商榷。首先,"后方法"语言教育理论所指的方法概念有其针对的局限性。教学方法本身就是一个定义复杂、多层次表述的概念。其次,在后方法时代,传统教学方法是否真的已经死去,二语教学是否已经进入后方法时代,这一命题本身还具有一定的争议性。在后方法时代,教学方法这一概念并未消亡,而且它的存在抑或是消亡,也不应成为后方法时代关注的焦点。传统教学方法和思想失

---

① [美]库玛:《第二讲 超越方法以及后方法教学》,刘颂浩、柳江译,《国际汉语教学研究》2017 年第 1 期。
② David M. Bell, "Method and Postmethod: Are They Really So Incompatible?", *Tesol Quarterly*, Vol.37, No.2, 2003.

去的只是在教学实际中的主导支配地位,但是它们服务教学实际的效用依然明显。教学法流派本身是一种"权威主导"的方法流派,制定的教学规则具体化、规范化和模式化,同时也带来了僵化和教条的教学手段,限制了教师作为教学主体在教学方法和技巧上的能动性①。

鲁健骥指出,教学法体系不是束缚教师的绳索,而是推动教学发展的动力,因此教学法体系不能丢②。

(二)后方法概念容易让教师失去方向

陈申指出库玛提出的"后方法教学论",可以发现三个难以克服的缺点。其一,他用宏观的策略框架替代传统的"教学法",没有从根本上走出"教学过程"的束缚,此外,方法、方法论和教学论很容易混淆概念。其二,他用车轮的结构来比喻他的"十大原则",过于复杂,难以记忆,他批评语言教学理论家们提出了复杂的教学法,让教师无所适从,可是他自己并没有跨越错综复杂的樊篱。其三,他没有拿出具体的教学方案向教师们演示,其理论依然基于西方文化价值观和对欧洲语言的特别关注,因此,不一定完全适合中国的对外汉语教学③。另有学者指出,库玛提出的旨在促进教师发展的宏观指导框架,对熟手教师指导效果可能较好,但对缺乏教学经验的新手教师容易产生难以捉摸的空无之感,难以达到教学法创新效果④。

---

① 陶健敏:《Kumaravadivelu"后方法"语言教育理论述评》,《语言教学与研究》2007年第6期。
② 鲁健骥:《有感于"后方法时代"》,《国际汉语教学研究》2016年第2期。
③ 陈申等:《后方法理论视野下的对外汉语教学研究——第11届对外汉语国际学术研讨会观点汇辑》,《世界汉语教学》2014年第4期。
④ 刘辉、杨连瑞、郭静:《后方法时代的大学外语教学方法:选择与优化》,《中国高等教育》2017年第2期。

我们认为,后方法并不意味着方法的终结,而是表达方法概念的局限性以及超越这些局限性的渴望。后方法论并非指后现代时期某种特定的教学法,而是新时期对方法论的深入探索与拓展。在此期间,尽管现有方法存在不足,但作为一套系统化的教学处理手段,在语言课堂教学中,它们对教师而言依然至关重要,不可或缺。众多二语课堂教学实践依旧受到各种二语教学流派的影响,这些流派的痕迹在二语课堂上依然或多或少可见。与其说方法已经过时,步入后方法时代,不如说这是一个多种方法融合并蓄的时代,是在借鉴主流教学法的基础上,依据课堂实际情境灵活调整、创新应用的时代。

二、后方法理论的局限

(一)后方法理论基础的局限

1. 后现代主义的模糊性

后方法理论,作为教育领域内一股新兴的思想潮流,其形成与发展深受后现代主义这一广泛哲学思潮的深刻影响。后现代主义,以其独特的模糊性、多元性以及反基础主义等核心理念,为后方法理论提供了丰富的思想土壤和理论支撑。然而,正是这些特性,使得后方法理论在构建自身理论基础时,呈现出一种相对松散和不确定的状态。

模糊性,让后方法理论在界定自身范畴和边界时显得尤为困难,导致其理论框架缺乏足够的清晰度和精确度。多元性,则使得后方法理论在吸纳各种思想资源时表现出极大的开放性和包容性,但同时也可能因过度杂糅而失去理论的内在一致性和逻辑性。反基础主义,更是对后方法理论的科学性和有效性提出了严峻挑战,因为它从根本上质疑了任何绝对真理和普遍规律的存在。

因此,后方法理论在享受后现代主义带来的思想解放和理论创新的同时,也不得不面对由此带来的理论基础不够明确和稳固的问题。这不仅使得后方法理论在学术界内部容易引发争议和质疑,也为其在实际教学中的应用和推广带来了不小的障碍。如何在保持理论开放性和创新性的同时,构建更加稳固和科学的理论基础,成为后方法理论未来发展亟待解决的重要课题。

2. 对现代性的批判过于极端

后现代主义作为一种哲学思潮,其对现代性的批判往往展现出一种激进乃至极端的色彩。在这一视角下,现代性所构建的一切价值体系、知识框架乃至社会结构,都被视为值得深刻怀疑乃至彻底否定的对象。这种全面质疑的态度,虽然在一定程度上揭示了现代性潜在的矛盾与问题,但也容易陷入一种全盘否定的陷阱。

当后现代主义的这种极端立场被应用于现代语言教学方法的批判时,其影响尤为显著。后方法理论,作为后现代主义在教育领域的延伸,倾向于打破传统教学方法的束缚,追求更加灵活多样的教学模式。然而,在这一过程中,它可能过于强调对现代教学方法的颠覆与解构,而忽视了这些方法在长期实践中积累下来的合理成分和积极因素。

事实上,现代语言教学方法在多年的发展与完善中,已经形成了许多行之有效的教学策略与技巧。后方法理论在批判与反思的同时,应当更加注重对这些积极因素的挖掘与整合,以期在继承与创新之间找到更为平衡的支点。只有这样,才能真正推动语言教学领域的持续进步与发展,避免陷入盲目否定与无序混乱的泥潭。

（二）后方法理论在实际应用中的局限

1. 缺乏具体操作性

后方法理论在教育领域提出了一种全新的视角，它着重强调教师的自主性、创造性和教学过程中的灵活性，旨在打破传统教学方法的固定框架，激发教师的创新精神。然而，这一理论在实际操作层面却面临着不小的挑战，其中最显著的问题便是其缺乏具体操作性。

由于后方法理论赋予了教师高度的自由，教学过程在很大程度上依赖于教师的个人理解和发挥。这种高度的自由虽然能够激发教师的创造力和教学热情，但同时也可能导致教学过程的随意性和不可控性。在没有明确指导和规范的情况下，教师可能会陷入迷茫，不知道如何有效地运用这种自由，从而影响到教学效果。

因此，如何确保教师在自由发挥的同时，仍然能够达到预期的教学效果，成为后方法理论亟待解决的问题。这需要我们在理论层面进一步完善后方法理论，为其提供更具操作性的指导和建议。同时，在实践层面，我们也需要加强对教师的培训和支持，帮助他们更好地理解和运用后方法理论，确保教学过程既充满创造性，又能够达到预期的教学目标。只有这样，后方法理论才能够在教育领域中发挥出其应有的价值。

2. 难以评估教学效果

后方法理论在教育领域的提出，无疑为教学注入了新的活力。它鼓励采用多样化的教学方法，鼓励一线教师参与方法的创新，致力于为学生提供个性化的学习体验。然而，这一理念的实践却给教学效果的评估带来了前所未有的挑战。由于教学方法的多样性和学习体验的个性化，使得传统的标准化测试难以准确衡量后方法教学的实际效果。这些测试往往侧重于知识的记忆和应试技巧,而无法全面反映学生的创新思维、实践能力和综合素质。同时,新的评估方法虽然正在探索中,但尚未成熟和完善,难以立即填补这一空白。因此,如何准确评估后方法教学的效果,成为当前教育改革中亟待解决的一个重要问题。

由此可见,后方法理论在理论上具有创新性和前瞻性,但在实际教学中往往难以得到有效应用。有观点认为,后方法理论并非完全摒弃"方法",而是对"方法"的重新理解和诠释。然而,这种重新理解和诠释可能引发对"方法"概念的混淆和误解,进而影响后方法理论的实际应用效果。如果将"后方法"简单地理解为"无方法"或"反方法",就可能忽视了后方法理论在教学方法创新和教学理念更新方面的积极贡献。

第三节　后方法理论的核心理念

一、后方法理论主张为教师赋权

库玛明确提出,后方法视角旨在为实习教师装备知识、技能和自主性,使之能独立创立系统化、协调一致、与自身紧密相关的教学理论,旨在提升教师能力,使之知晓如何培养反思式方法指导自己的教学[①]。从这段话可以看出,库玛并不是反对方法的存在,而是不赞成教师照搬主流的语法翻译法、听说法、交际法等教学法,

---

① [美]库玛:《全球化社会中的语言教师教育:"知""析""识""行"和"察"的模块模型》,赵杨、付玲毓译,北京大学出版社 2014 年版,第 9 页。

教师需要有能力创立教学理论,带着反思意识培养适合自己的教学情境的方法。也就是说,教师要具有反思、研究、创新的能力。库玛的后方法理论系列研究旨在帮助教师发展这些能力,因此提出了三大原则、KARDS 模型(知,knowing;析,analyzing;识,recognizing;行,doing;察,seeing)和十大宏观策略。可以说,这些都不是具体的方法,而是提升教师研究和创新方法能力的策略,是授人以渔。

陶健敏认为,后方法研究重心并不仅仅停留在对传统教学方法的批判上,而是紧扣"教师教育"这一主线,围绕语言教师的身份与角色进行解构与再建构,在语言教学实践和教师培养发展方面,积极植入并践行"教师赋权"的理念,使之成为"后方法理论"发展的核心命题[①]。

库玛提出,后方法试图帮助教师发展一种能力,帮助教师成为策略型的思想者和实践者,使他们能够根据具体的情境,自己生成所需要的观念和教学法[②]。

丁安琪认为,后方法时代的教学法,主要是教育实践者——一线二语教师在学习和尝试各种教学法的基础上,通过反复的教学实践积累起丰富的教学经验,进而将自己的教学经验理论化后形成的适合教师个体教学实践的教学思想,是教师尝试"自下而上"构建的教学理论[③]。

后方法理论核心主张之一在于为教师赋权,强调教师不仅是

---

① 陶健敏:《教师赋权:库玛"后方法理论"的核心命题》,《国际汉语教学研究》2016 年第 2 期。
② [美]库玛:《第二讲 超越方法以及后方法教学》,刘颂浩、柳江译,《国际汉语教学研究》2017 年第 1 期。
③ 丁安琪、丁涵:《后方法时代的第二语言教学法创新》,《天津师范大学学报(社会科学版)》2022 年第 2 期。

知识的传授者,更是教学策略的创造者与实施者。该理论致力于培养教师成为策略型的思想者和实践者,意味着教师应当具备高度的专业素养和创新能力,能够根据不同的教学情境,灵活运用教育理论,自主生成适应学生需求的教学观念和教学法。这一转变要求教师不仅要有深厚的学科知识,还要具备敏锐的情境洞察力、批判性思维和创造性解决问题的能力。后方法理论通过赋予教师更大的自主权,激发其教学潜能,促进教育实践的持续创新与优化。

二、后方法理论主张方法的灵活性

库玛在《全球化社会中的语言教师教育:"知""析""识""行"和"察"的模块模型》一书中,引用马塞多(Macedo,1994)的话,"一种反方法的教学法,拒绝被刻板的方法和方法论所奴役",并指出语言教学方法建立在适应理想语境的理想信念基础之上。由于语言教学需求和情况千差万别,无法预测,任何理性化的方法都无法预见所有的变量,因此也无法提供针对特殊情境的建议[①]。

库玛视方法为专家们构思的语言教学策略,这类策略与教师在课堂上的实际操作存在显著差异。他主张教师应超越学校、课程及教室的物理界线,以灵活自主的方式实施教学活动。从库玛的见解中,我们可以发现他并非否定后方法时代对方法的需求,而是反对那些脱离实际、仅凭专家臆想构建的语言教学方法。这些方法往往无法适应瞬息万变的课堂环境,同时也限制了教师主观能动性的充分发挥。后方法理论的倡导者拒绝受制于僵化的方法

---

① [美]库玛:《全球化社会中的语言教师教育:"知""析""识""行"和"察"的模块模型》,赵杨、付玲毓译,北京大学出版社2014年版,第9页。

及其方法论框架的束缚。

陶健敏认为,后方法时代并不意味着教学法概念的消失,传统二语教学法依然发挥着重要作用,后方法不是无方法,后方法时代也不是方法时代的终结①。

陈力认为,外语教学中的"后方法"不同于任何一种传统意义上的教学法流派,它不是呆板凝固的锦囊妙计式教学法,而是一种灵活、动态、开放的外语教学思想。他对传统教学法思想的超越集中表现在对教师、学习者和教师教育者的再认识,以及教学经验理论化等新主张②。

赵金铭认为,任何一种教学法,都不能从始至终贯穿于整个语言教学过程之中,也就是说,一以贯之、单一地使用一种教学方法,很难达到终极的教学目的。语言教学需要的不是一种教学理论或一种教学方法,而是一个更大的研究框架,其中多种教学理论并存,多种教学模式共现,各种教学方法各有所用。需要我们确定的是,某种教学模式适合什么教学对象,某种教学方法用在什么层次上,不能把一种具体的、局部的研究领域所取得的教学模式或方法应用到整个语言教学③。

丁安琪提出,后方法时代不是"无方法"时代,而是在总结、吸取以往教学实践和研究成果的基础上,提出一套供教学和教师参考、选择的二语教学的基本原理、原则。后方法时代仍需科学、有效的理论、原则、方法的指导,仍需教学法的创新④。

---

① 陶健敏:《Kumaravadivelu"后方法"语言教育理论述评》,《语言教学与研究》2007年第6期。
② 陈力:《外语教学法的"后方法"时代》,《山东师范大学外国语学院学报(基础英语教育)》2009年第11期。
③ 赵金铭:《对外汉语教学法回视与再认识》,《世界汉语教学》2010年第2期。
④ 丁安琪、丁涵:《后方法时代的第二语言教学法创新》,《天津师范大学学报(社会科学版)》2022年第2期。

后方法教学并非局限于某一特定的教学方法或框架之内,而是一种富有弹性、充满动力且以教师为核心指导力量的教学理念。这一理念的核心在于,它高度重视教师在教学过程中的主动性与创造性,鼓励教师根据不断变化的教学环境和学生的实际需求,灵活地选取并适时调整教学策略。

在后方法教学的视野下,教师不再是简单地执行某种预设的教学方案,而是成为教学过程的积极塑造者。他们需要根据课堂的即时反馈、学生的学习状态以及教学内容的特点,敏锐地捕捉教学契机,创造性地运用各种教学手段和资源,以最佳方式促进学生的学习和发展。

这种教学理念强调教学的情境性和个性化,认为没有一种固定不变的方法能够适用于所有教学场景。因此,教师需要具备深厚的教育理论素养和丰富的实践经验,以便在面对不同的教学挑战时,能够迅速而准确地作出判断,选择最适合当前情境的教学策略。

综上所述,后方法教学是一种以教师为主导、以学生为中心、以情境为依托的教学理念,它要求教师具备高度的专业素养和创新能力,以灵活多变的教学策略应对复杂多变的教学实践,从而最大限度地激发学生的学习潜能,促进他们的全面发展。

三、后方法理论主张方法的创新

崔永华认为,方法概念虽然不再享有唯我独尊的核心地位,但仍应成为引领二语教师教学实践和专业发展的重要理论资源。由于后方法理念强调方法的动态性、开放性、相对性和灵活性,因此,我们更需要科学的、多元的、发展的教学原则与教学方法的指导①,更需要具有教学法创新的意识与能力。

丁安琪认为,后方法时代强调一线教师的自主创新,强调不必拘泥于某一具体教学法,而是要自由灵活地运用教学方法,后方法时代的教学法创新将以具体的、细节的、小方面的"微创新"为主②。并且认为,后方法时代仍需科学、有效的理论、原则、方法的指导,仍需教学法的创新③。

后方法理论积极倡导教学方法的创新精神,它并未宣告教学法创新时代的终结,反而更加强调对教学法作用进行准确且合理的评估。在后方法时代背景下,我们旨在打破对由专家权威所界定的教学思想及方法的盲目追随,转而鼓励和支持教师们解放思想,激发他们自主开发教学理论的意识。这意味着教师应根据具体的教学情境,自主且有效地运用多样化的教学方法,以满足教学的实际需求。

总而言之,后方法理论不仅鼓励教学方法的创新,更要求教师们在教学实践中,能够自主、灵活地运用各种教学方法,以科学的、多元的、发展的眼光看待教学,从而不断提升教学质量,满足学生的多元化学习需求。

第四节 后方法时代如何为教师赋能

后方法如何为教师赋权、为教师赋能,库玛提出了如下几个方

---

① 崔永华:《后方法时代的汉语教学理论建设》,《国际汉语教学研究》2016年第2期。
② 丁安琪、丁涵:《后方法时代的第二语言教学法创新》,《天津师范大学学报(社会科学版)》2022年第2期。
③ 同上。

面的理论。

一、后方法如何为教师赋能

(一) 后方法的三个操作原则

后方法有三个操作原则,也是检验方法适用性的三个参数:特殊性、实用性和可能性①。

特殊性原则要求教学法必须建立在对特殊情境全面解释的基础之上,改进特殊情境,关注教育环境和对象的特殊性。

实用性原则要打破现有的理论家和教师之间的工作分工以及知识生产者和知识消费者之间的角色分工,自我建构教学法知识。

可能性原则产生于批判教学法,批判教学法提倡构建自己的哲学基础,实施批判教学法的教师在社会和教育动力中开展研究,围绕教育的宏观知识和操作语境以及学生在社区和学校发现自我的微观情境设计课程。

后方法三个操作原则鼓励教师形成自己的基于实践的教学理论,帮助教师形成自我认同感,持续追求社会角色转型。

(二) 宏观策略框架

库玛提出一套宏观策略框架,主张在寻求替代教学方法的研究中凸显教师的自主性,提出最大化学习机会、促进协商互动、最小化感知失配、激活启发式教学、培养语言意识、语境化语言输入、整合语言技能、提升学习者自主性、增进文化意识、确保社会关联

---

① [美]库玛:《全球化社会中的语言教师教育:"知""析""识""行"和"察"的模块模型》,赵杨、付玲毓译,北京大学出版社 2014 年版,第 10—13 页。

这十条宏观教学策略①。这十条宏观策略是教师在课堂教学中一些具体的做法、策略、技巧②。

此宏观策略框架为语法教学乃至整个教学方法与模式的革新开辟了新的视野,强调了教学实践中应注重的几大核心要素。它明确指出,教学应更加倾向于实用性,这意味着教育内容需紧密贴合现实生活,设计出既有趣味性又具挑战性的教学活动与任务,让学生在完成这些任务的过程中,能够直接感受到所学知识与社会生活的紧密联系。

此外,该框架还着重强调了增强学生自主学习力的重要性。在传统的教学模式中,学生往往处于被动接受知识的地位,而此框架则鼓励学生主动探索、自我发现,从而培养他们的学习兴趣和自主学习能力。

在推动语言技能的全面发展方面,该框架提倡通过多样化的教学活动,让学生在听、说、读、写各个方面都能得到均衡的发展。同时,它还强调了深化文化理解和提升语言敏感度的重要性,使学生能够在掌握语言技能的同时,更好地理解和欣赏不同的文化背景。

对于语法教学方法,该框架提出了更高的要求,即需更有效地激励学生进行独立思考,而不仅仅是死记硬背语法规则。这样,学生才能在真正掌握语言的同时,培养出独立思考和解决问题的能力。

(三) KARDS 模型

库玛提出语言教师教育要依照 KARDS 模型,即"知""析"

---

① [美]库玛:《全球化社会中的语言教师教育:"知""析""识""行"和"察"的模块模型》,赵杨、付玲毓译,北京大学出版社 2014 年版,译者序,第 1 页。

② B. Kumaravadivelu: "The Postmethod Condition-(E)merging Strategies for 2nd/Foreign Language Teaching", *TESOL Quarterly*, Vol.28, No.1, 1994.

"识""行""察"的模块模型①。以下是对 KARDS 模型各模块的详细解析,并介绍其在教师成长中的作用。

1. 知(Knowledge)

这一模块强调的是教师对于语言学、教育学以及二语习得理论的深入理解。教师需要掌握关于语言如何学习、如何教授的基本知识,以及不同教学方法和策略的有效性。通过持续学习,教师可以不断更新自己的知识体系,为教学实践提供坚实的理论基础。

2. 析(Analysis)

分析能力是指教师能够对学生需求、学习材料、教学环境等进行深入剖析。教师需要学会如何识别学生的个体差异,理解他们的学习风格和需求,以便制定个性化的教学计划。同时,教师还应具备分析教材和其他教学资源的能力,以确保它们与教学目标和学生的实际需求相匹配。

3. 识(Recognition)

识别能力涉及教师对自己教学实践的感知和反思。教师需要能够识别自己在教学中的优点和不足,以及学生反应和学习成果的变化。通过持续的自我反思和同行评估,教师可以不断提高自己的教学技能和策略。

4. 行(Doing)

这一模块强调的是教师在实际教学中的应用能力。教师需要将理论知识和分析能力转化为具体的教学实践,包括设计教学活动、实施教学计划、评估学生学习成果等。通过不断实践和尝试,教师可以逐渐掌握有效的教学方法,提高自己的教学技能。

---

① [美]库玛:《全球化社会中的语言教师教育:"知""析""识""行"和"察"的模块模型》,赵杨、付玲毓译,北京大学出版社 2014 年版,第 16 页。

5. 察(Seeing)

观察能力是指教师能够敏锐地察觉教学环境中的各种因素,包括学生的情绪、学习动力、课堂氛围等。教师需要学会如何观察学生的反应和行为,以便及时调整教学策略和方法。同时,教师还应具备观察自己教学实践的能力,以便不断反思和改进自己的教学。

KARDS模型的核心在于这五个模块的相互影响和相互强化。它们不是孤立的,而是作为一个整体发挥作用,共同促进教师的成长和发展。通过这一模型,教师可以实现自我决定和自我转变,从依赖外部指导和支持逐渐过渡到自主、创造性的教学实践。

此外,KARDS模型还反映了教师的教育思想意识。它强调教师在教学实践中应持续进行反思、改变和提高,以确保自己的教学始终与学生的学习需求和目标保持一致。这种持续的自我提升和变革是教师专业成长的关键所在。

二、后方法理论对本研究的启示

鲁健骥呼吁,不要跟着外国的教学法体系亦步亦趋,外国的教学法体系并不能完全适应对外汉语教学的特点和需要,我们应该研创自己的教学法体系。汉语教学需要建立自己的后方法时代的教学理论[①]。

本研究植根于后方法时代对教学方法革新的深刻洞见,旨在通过教学实践的沃土,对现有教学方法进行反思、改变、提高以及融合。这一过程不仅是为了创新语法教学模式,更是为了

---

① 鲁健骥:《有感于"后方法时代"》,《国际汉语教学研究》2016年第2期。

向身处教学一线、肩负重任的国际中文教师传递方法创新的灵感与路径,鼓励他们在日常教学中充分发挥主观能动性,不断突破传统束缚,从而进一步丰富和发展后方法理论的内涵与外延。

笔者强调,一线教师不应仅仅满足于作为知识传递者的角色,而应当同时是积极的反思者和研究者。本研究正是笔者作为教师的自我实践记录,它展示了在教学实践中持续探索与成长的轨迹,以及如何将这份探索内化为独特的教育思想意识,用以指导教学实践,激发自我反思,推动教学行为的不断改变与教学质量的持续提升。通过这一研究,我们期望能够激励更多教师勇于尝试、敢于创新,共同推动教育事业向着更加开放、灵活、高效的方向发展。

(一)既有方法的借鉴与突破

在构建个人教学特色的过程中,不能盲目排斥既有方法,而是要进行深入的借鉴与综合运用。每种教学法都有其独特的优势和适用范围,本研究通过消化吸收既有方法的精髓,结合个人教学实践和学生需求,进行了创造性的融合与突破。这种融合不仅保留了原有方法的有效性,还赋予了其新的生命力和适应性,使教学更加贴近学生实际,更加符合教育规律。

(二)个人教学特色的形成与展现

经过长时间的探索与实践,笔者创建了富有个人教学特色的语法教学模式。这一模式在各个教学步骤中针对不同的学习内容和学习需求提供个性化的教学方案。这种教学模式下学生不仅可以掌握扎实的语法三平面知识,还可以提高语法的综合运用能力。

(三) 反思者与研究者的身份体现

在教学中,不断对自己的教学实践进行深刻的反思与总结,从中发现语法教学和语法学习中存在的问题,提炼经验和规律。同时,将反思成果转化为研究成果,为其他教师提供语法教学的借鉴和启示。

第五节　后方法时代国际中文教师的发展

在国内,总体上汉语课堂教学法并无多大改观,类似"3P"(Presentation, Practice and Production)的传统教学模式依然占据主导地位①。根据对国内中文作为二语教学的课堂观摩,这一点也得到了证实,教师讲解、学生听记的传统教学模式仍然是主流的教学模式。在这种教学模式中,教师注重中文知识的传授,而学生在学习汉语时普遍出现"认知超载"的现象。汉语课上要学、要练、要记的内容使这些学生不堪重负。要让更多的学生愿意学汉语、继续学汉语,就要有新的教学路子②。后方法时代要重视教师和学生在学习过程中的主体地位,突破既有的"方法"的束缚③。

---

① 吴勇毅:《汉语作为第二语言/外语教学法研究四十年之拾穗》,《国际汉语教育(中英文)》2018 年第 4 期。
② 印京华:《探寻美国汉语教学的新路:分进合击》,《世界汉语教学》2006 年第 1 期。
③ 陈申、崔永华、郭春贵:《后方法理论视野下的对外汉语教学研究——第 11 届对外汉语国际学术研讨会观点汇辑》,《世界汉语教学》2014 年第 4 期。

一、国际中文教师需要参与教学法的改革创新

在国际中文教育的舞台上,无论是本土中文师资、汉语国际教育领域的毕业生、海外教师志愿者,还是那些教学经验尚浅的新手中文教师,他们在教学实践中普遍面临着一个共性问题:理论与实践的脱节。具体而言,这些教师虽然掌握了丰富的理论知识,却往往在实际教学过程中感到茫然无措,不知如何将这些理论有效应用于课堂,从而导致教学思路混乱、缺乏条理,教学内容零散而无序,最终影响了课堂教学的质量和学生的学习成效。

针对这一现状,教学方法、教学模式的改革创新显得尤为重要且迫切。它不仅能够帮助教师提升课堂教学技巧,精进教学技能,全面增强教学能力,更能够促使教师更新教学理念,紧跟时代步伐,为教师个人成长与能力提升提供强有力的支撑。可以说,教学法改革是为教师赋能的关键一环。

特别是对于新手教师和海外本土中文教师而言,构建一套既实用又高效的教学模式,无疑将成为他们踏入教学领域的"手杖",助力他们在教学的道路上走得更稳;同时,这也将成为一条"捷径",帮助他们快速提升,实现教学能力的飞跃。这样的教学模式不仅能显著提高师资培养的质量和效率,更将为国际中文教育事业的发展注入新的活力。

二、国际中文教师需要具有改革创新方法的能力

当前已经从方法时代跨入了后方法时代。"后方法"语言教育理论认为,传统的方法是在理想化的环境中,以理想化的概念创造出来的。这样的方法无法为教师提供符合特殊情境的建议,无法

帮助教师应对教学生涯中各种挑战。所以后方法时代的教师,角色应该转型,从被动型的技工成为反思型的实践者,进而成为转换型的知识分子,有能力根据具体的教学环境里的复杂的因素,进行探索性的研究,推动方法的变革。国际中文教育教师作为教学实践者,在汉语作为二语的教学实践中,应该发挥自己的主观能动性,推动方法的变革,教师应根据汉语的本体特点、学生主体的特性,选取合适的方法,并对方法作出革新,从而推动方法的变革,建构属于自己的、个性化的教学实践理论与方法,并使其适应施教当地的"特殊情境"①。这也是后方法时代对教师能力提出的要求。

后方法语言学者反对方法,但却离不开方法。库玛作为一个语言教学研究者,同时也是一位语言教师,在他的著作中所列举的自己的教学案例大部分都是任务型教学案例。可见,后方法学者虽然反对方法,但是却不得不继续沿用方法。既然抛弃方法不可能,但又不能全盘照搬旧的方法,因此就需要对方法进行创新,探索创新的途径。

本项研究以面向来华留学生的国际中文教育中的任务型教学法作为切入点,将其作为后方法时代方法改革创新的一个"抓手",通过对这一教学方法的创新,探索后方法时代对外汉语教师如何从被动型的技术工,转为反思型实践者,进而成长为转换型知识分子;不仅学会如何教学,同时也学会如何进行理论和方法的创新;在努力推进教育发展的同时,努力实现个人在教学实践中角色的转型。通过对任务型教学法的反思和创新,探索培养并发展教师研究型技能的途径,帮助教师在课堂内外提升自己以及学生探索各种问题的能力。通过对任务型教学法的反思和改进,展示一线

---

① 吴勇毅、段伟丽:《后方法时代的教师研究:不同认知风格的汉语教师在课堂教学策略运用上的差异》,《语言教学与研究》2016年第2期。

教师在教学中如何持续地自我反思和自我修正,给一线二语教师提供一个教学法反思、修正、改进的案例,帮助二语教师超越他们在教师教育培训中所被动接受的专业理论,从而培养努力思考和建构自己的教学理论的能力。通过这一举措,不仅帮助新手二语教师学会教学,更重要的是帮助他们学会方法的创新,学会自己建构理论。

第三章
语言教学中形式与意义的平衡

第一节 语言的形式与意义

一、语言形式和意义的内涵

语言形式指的是语言的物质外壳,包括语音、词汇、语法等具体的语言符号和它们的组合规则。在二语教学中,形式教学往往侧重于语法规则、词汇搭配、句型结构等的教学。语言中的"形式"与语法不是同一概念,语法是语言形式的重要组成部分,但它不是语言形式的全部①。

语言意义指的是语言所表达的内容或信息,包括字面意义和深层意义。在二语教学中,意义教学则关注于如何准确地传达和理解这些内容,以及语言在不同语境中的实际运用。

---

① 罗钱军:《外语输出型教学与"形式协商"》,暨南大学出版社2014年版,第165页。

二、语言形式和意义的关系

所谓形式与意义，也就是语言形式与表达内容的关系①。语言的形式和意义是相互依存、不可分割的。形式是意义的载体，没有形式就无法表达意义；而意义则是形式所要传达的内容，没有意义的形式则是空洞无物的。在学习语言时，我们需要同时关注语言的形式和意义，将两者结合起来进行理解和运用。

具体来说，了解语言的形式可以帮助我们正确地表达思想，掌握词汇和语法规则可以使我们更准确地表达自己的观点和情感。同时，理解句子结构可以帮助我们更好地理解他人的观点、情感以及说话者的意图和态度，了解语言的意义则可以帮助我们更好地理解和应用语言。在不同的语境中相同的词汇或句子可能会有不同的含义和用法，因此我们需要根据具体的语境来理解和解释语言的意义。

三、偏重意义的教学的问题

在强调交际和表达的过程中，如果过于依赖交际策略和简单词汇或短语，而忽视了对语言结构的深入学习和掌握，可能会导致学习者的语言技能发展不均衡，甚至影响到其长期的语言能力发展。语言基础知识对于语言能力的提升具有重要的意义。

首先，语法是语言的骨架，它规定了词汇如何组合成句子，以及句子如何构成篇章。掌握语法规则有助于学习者更准确地理解和表达复杂的语言信息。同时，语法也是语言学习和教学的重要

---

① 吴中伟、郭鹏：《对外汉语任务型教学》，北京大学出版社 2009 年版，第 21 页。

内容之一，它能够帮助学习者系统地掌握语言规律，提高语言运用能力。

其次，词汇是语言的基本单位，是表达意义的基础。丰富的词汇量有助于学习者更准确地表达自己的思想和感受，同时也能够更好地理解他人的话语。在学习词汇的过程中，学习者不仅需要掌握词汇的基本含义和用法，还需要了解词汇之间的搭配关系、语义场等高级知识。

事实上，这不仅影响学生的语言学习效果，还可能对其全面发展产生不利影响。如果缺乏扎实的语言基础，学生在表达复杂思想或情感时可能感到力不从心，无法准确、流畅地传达自己的意图。

四、偏重形式的教学的问题

形式教学在语言教学中不可避免。然而在传统的第二语言教学中，语法被视为语言学习的核心。教师会花费大量时间讲解语法规则，包括词法、句法等各个方面，学生则需要通过记忆和练习来掌握这些规则。此外，学生要通过各种方式（如词汇表、例句等）来记忆大量的词汇。

这种教学方式虽然有助于学生建立系统的语言知识体系，但也可能导致学生对语言的实际运用产生一定的距离感，在实际运用中难以准确、恰当地使用词汇。

过分强调语言形式的掌握，还会导致忽视语言交际能力的培养。因此，学生在实际交际中往往无法流利、准确地表达自己的意思。此外，由于教学方式单一、枯燥，学生也容易失去对语言学习的兴趣和动力。

第二节　形式、意义与语言能力

莫兰尼(Muranoi)指出,应当在以意义为中心的交际课堂中引导学习者把注意力转到语言形式中来,这样才能真正有效地提高其语言交际能力。于是,第三种取向便应运而生,即形式与意义相结合的教学模式①。

近年来,在语言教学上究竟应该教什么,人们的视角已发生重要的转变,将强调的重点从把语言看作一套需要学习和练习的形式(包括语法的、音位的和词汇的)转为把语言看作一种用于实现多种交际目的的功能系统②。

传统上,语言教学往往侧重于语言形式的学习,即要求学生掌握语法规则、发音技巧和词汇积累。这种教学方法虽然能够帮助学生构建语言的基本框架,但在实际应用中可能显得机械和僵化。

随着对语言本质认识的深入,人们开始意识到语言的主要功能是交际。因此,现代语言教学更加注重培养学生的交际能力,即在不同场景下运用语言进行有效沟通的能力。这种教学方法强调语言的实用性和灵活性,鼓励学生通过真实的交际活动来学习和掌握语言。

语言的流利性、准确性和复杂性,是评估语言能力的关键维

---

① H. Muranoi, "Focus on Form through Interaction Ehancement: Integrating Formal Instruction into a Communicativetask in EFL Classrooms", *Language Learning*, Vol. 50, No. 4, 2000.
② 罗长田、高燕:《语篇、语境一体化的高级英语教学模式探析》,《东华理工学院学报(社会科学版)》2004 年第 4 期。

度①,并且它们与语言的意义和形式之间有着紧密的关联。

一、语言表达的流利性

流利性主要关注的是语言使用者能够迅速、连贯地表达思想的能力。它不仅仅是指语速快,更重要的是能够自然地组织语言,使表达流畅无阻。流利性强的语言使用者能够更有效地传达意义,使听者更容易理解。在日常生活和工作中,流利性对于有效沟通至关重要。无论是进行演讲、讨论还是日常对话,流利性都能帮助语言使用者更好地表达自己的观点和感受。

克拉申(Krashen)的输入假设认为,语言习得是通过大量可理解输入而产生的,学习者首先大量接触易懂的实际语言,通过上下文和情境去理解其意思。也有学者认为,输入假设过分强调输入,忽视和排斥输出,不利于学习者交际能力的培养②。

对于输入和输出,应该辩证地来看待。我们认为,输入和输出不是截然分开的,输入和输出对于语言学习来说,是一个连续的过程,就像蓄水池的进水和出水是一样的道理,需要有进水,然后才能有出水。同样进水量大,出水量也才有可能大。

流利地表达,既要大量输入,也要大量输出。对于语法教学模式来说,核心在于提升语法教学模式的生成性。也就是说,教学模式应当设计为能够激发和促进学习者大量、准确地输出所学的目标语法点。

流利性不仅仅是指说话的速度快,更重要的是指在说话过程

---

① 吴中伟、郭鹏:《对外汉语任务型教学》,北京大学出版社 2009 年版,第 3 页;罗钱君:《外语输出型教学与"形式协商"》,暨南大学出版社 2014 年版,第 124 页。
② 罗钱君:《外语输出型教学与"形式协商"》,暨南大学出版社 2014 年版,第 10 页。

中能够准确、自然地运用语法、词汇等语言要素,形成连贯、有意义的表达。这需要学习者在掌握足够语言知识的基础上,通过大量的实践练习,将语言知识转化为语言技能。

对于语法教学来说,要提高语言表达流利性,就要努力提高语法教学模式的生成性,即教学模式有利于促进学习者大量输出目标语法点。生成性意味着教学模式不仅要注重语言知识的输入,更要注重语言技能的输出。具体来说,语法教学应该设计各种情境和任务,让学习者有更多的机会运用所学的语法点进行实际的语言表达。这样,学习者就能在实践中巩固和深化对语法点的理解,提高语言表达的流利性。

二、语言表达的准确性

准确性强调的是语言使用者在使用语言时是否符合语法规则、发音是否标准、用词是否恰当等方面。它要求语言使用者能够精确地选择和使用语言单位,以确保信息的准确无误。准确性在语言学习中占有重要地位。错误的语法、发音或词汇使用可能会导致误解或沟通障碍。因此,在学习语言的过程中,准确性是必须要重视的方面。

卢福波指出,汉语语法教学的核心任务就是要认识架构语言的规律与规则,在汉语作为二语的教学中,语法教学的根本目的在于使学习者正确认知和运用汉语的架构规律与规则[1]。

语法是语言的重要组成部分。无论是哪种语言,其语法都是构成该语言的基础框架和规则体系,是语言学习者必须掌握的关键要素。

---

[1] 卢福波:《汉语语法点教学案例研究》,商务印书馆2016年版,前言,第Ⅶ页。

语法教学对于语言习得的准确性来说具有重要意义。正确的教学方法和策略对于学习者准确掌握语言知识和技能至关重要。在教学过程中,教师需要注重教学方法和教学策略,要使教学模式科学有效,以确保学习者能够正确理解和运用所学语法进行交际。

语法教学的核心任务是让学习者认识并理解汉语的架构规律和规则。汉语语法教学不仅要传授具体的语法知识,还要帮助学习者提高对汉语语法规则的认知,理解汉语语法,特别是句法的构造原理和使用规律。

三、语言表达的复杂性

复杂性涉及语言使用者能够处理和运用更为复杂语言结构的能力,包括使用高级语法结构、丰富的词汇和复杂的句子结构等。复杂性是衡量语言水平的一个重要标准。随着语言水平的提高,语言使用者应该能够逐渐掌握更为复杂的语言结构,以表达更为复杂和深刻的思想。因此,在学习语言的过程中,不断提升语言的复杂性是一个重要的目标。

兼顾语言的形式和意义能够获得更为理想的教学效果,有效提高学习者的语言运用能力。兼顾语言的形式和意义是二语教学中一种有效的教学理念。通过实施这种教学理念,教师可以帮助学生更全面地掌握语言知识,提高语言运用能力,并促进他们的全面发展。

姜丽萍指出,语法教学应该做到结构形式、语义特征和语用功能相结合,使学习者了解各个语法形式使用的条件和语境,让学习者在尽可能真实的交际实践中掌握所学的语法内容[①]。

---

① 姜丽萍:《国际汉语教学模式研究》,北京语言大学出版社 2023 年版,第 262 页。

在提升语言表达的复杂性时,语法教学模式的革新显得尤为关键。传统的语法教学往往侧重于规则的记忆和机械练习,而要提高学习者的语言表达能力,尤其是复杂性方面,则需将语法的结构形式、语义特征和语用功能三者紧密结合。

结构形式是语法教学的基础,它涉及词汇、短语、句子等语言单位如何组合成更大的语言结构。但仅仅掌握结构形式是不够的,因为同样的结构在不同的语境下可能表达完全不同的意思。因此,语义特征的教学同样重要,它帮助学习者理解语言形式所承载的意义,以及这些意义如何与特定的语境相关联。

然而,要使语言表达真正达到复杂且地道的水平,还需要考虑语用功能。语用功能指的是语言在特定交际情境中的使用方式和效果,包括如何根据不同的交际目的、交际对象和交际环境选择合适的语言形式。通过语用功能的教学,学习者能够学会如何在不同的语境中恰当地使用语言,从而使他们的表达更加自然、准确和复杂。

第三节 外语教学法的矛盾

武和平等认为,外语教学一直在关注形式和关注意义之间来回摇摆,造成"钟摆现象",原因在于形式和意义往往难以兼顾[①]。

---

① 武和平、武海霞:《外语教学方法与流派》,外语教学与研究出版社2014年版,第9页。

一、聚焦形式的教学方法

埃利斯(Ellis)指出,"专注于形式(focus on form)"最初是由M.朗(M. Long)提出的,但此后被无数学者和研究人员借用并扩展[1]。朗认为对形式的关注是第二语言教学的一个关键特征[2]。罗钱军指出,在外语教学发展史上,形式教学一直是各种教学法关注的一个重要问题[3]。

传统的语言教学方法往往侧重于词汇记忆与语法结构规则的传授,将外语学习过程视为一个系统构建词汇库与语法框架的累积过程。这种模式下,教学的重心过分倾斜于确保语言知识的精确性,通过详尽的讲解与反复的练习来加深学生对语言规则的记忆与理解,却忽视了语言使用的实际环境与交际能力的培养。因此,尽管学生可能在语言知识层面取得一定成绩,但在实际交流中却常显笨拙,缺乏流畅性与得体性。

语法翻译法与听说法便是这一传统教学理念的典型代表,它们共同的特征在于将语法与词汇的学习从真实的语言环境中抽离出来,进行孤立的教学。特别是听说法,其理论基础根植于结构主义语言学与行为主义心理学[4],强调通过预设的语言结构和词汇列表,配合大量的句型模仿与操练来强化学生的语言能力。然而,

---

[1] Rod Ellis, "Anniversary Article Focus on Form: A Critical Review", *Language Teaching Research*, Vol. 20, No. 3, 2016.

[2] M. Long, "Instructed Interlanguage Development", In L. Beebe, Ed., *Issues in Second Language Acquisition: Multiple Perspectives*, Rowley, MA: Newbury House, p. 136, 1988.

[3] 罗钱军:《外语输出型教学与"形式协商"》,暨南大学出版社2014年版,第148页。

[4] [美]库玛:《第二讲 超越方法以及后方法教学》,刘颂浩、柳江译,《国际汉语教学研究》2017年第1期。

这种方法的一个显著弊端在于,它未能有效地将语言学习与真实世界的交际需求相结合,导致学生在面对实际交流场景时,难以将所学语言知识灵活、恰当地应用于实践之中。

二、聚焦意义的教学方法

二语学习的过程不是一个个孤立的语言知识积累的过程,学习者的二语发展也不是线性的、一蹴而就的过程。因此,有些研究者和教育实践者提出应以意义作为教学的核心(focus-on-meaning)①,这导致语言研究和教学又走上了聚焦意义的极端。

聚焦意义的倡导者认为学习者如果像母语者那样大量接触目的语,便会自然习得目的语知识,获得目的语表达能力,克拉申(Krashen)和特雷尔(Terrell)倡导的自然法便是这一理念的典型代表②。聚焦于意义本质上是用乔姆斯基的普遍语法去指导二语(外语)习得,该理论认为人类天生具有一种习得语言的特殊能力,这种能力表现为一种内在的、固定的语言规则系统。

研究者认为,无论是母语还是第二语言,都涉及运用目标语进行交际。在聚焦意义的教学模式中,尽管二语学习者理解能力较强,口语流利,但其表达技能与母语者相比仍有明显差距,特别是在语法能力方面。事实表明,第二语言在自然环境下的习得效果通常不如第一语言。其次,课堂教学无法简单模仿第一语言的习得过程。从教学效率角度看,大部分第二语言/外语学习者用于学习目的语的时间非常有限,因此这种模仿并不可行。此外,在很多情况下,当语言形式上的错误不影响交际时,人们往往并不重视形

---

① 林琼:《聚焦形式教学引论》,安徽大学出版社 2010 年版,第 2 页。
② 罗钱君:《外语输出型教学与"形式协商"》,暨南大学出版社 2014 年版,第 5 页。

式的准确性。事实上,只关注第二语言习得过程中的意义和交际成功,而忽略形式,就会背离提高目的语的能力的目标。任务型教学和沉浸式教学都曾经因为形式表达偏误多而被诟病。

三、形式和意义并重的教学方法

近年来,研究者重新意识到语言教学需要关注形式,但是与传统的形式教学不同的是,这是在聚焦意义的新的研究起点上提倡关注形式,并不意味着向传统教学法的简单回归。

在意义中聚焦形式这一教学思路是相对聚焦于形式和聚焦于意义而提出的[1]。朗提出任务型教学法要聚焦形式(focus on form)的主张,意指在以意义和交际为中心的教学模式中,关注语言形式[2]。这种观点认为"有意注意"在语言学习中起着不可或缺的作用,语言形式只有被语言学习者注意到才能被习得,教师需要采取措施帮助学生"注意"形式。

在意义中聚焦形式的理论基础主要有三个。理论基础之一是施密特(Schmidt)从认知心理学角度提出的"注意假说"理论(Noticing Hypothesis)。施密特认为在语言习得过程中,只有被语言学习者特别注意到的语言输入才能被信息加工系统处理,从而可能得以内化[3]。

在意义中聚焦形式的理论基础之二是朗修订的"互动假说"理

---

[1] 高越、郭涛:《在意义中聚焦形式:内涵、运用与评述》,《外国语文》2011年第1期。
[2] M. LONG, "Focus on Form: A Design Feature in Language Teaching Methodology", *Foreign Language Research in Cross-Cultural Perspective*, Amsterdam: John Benjamins, 1991, pp.39-52.
[3] R. Schmidt, "The Role of Consciousness in Second Language Learning", *Applied Linguistics*, No.11, 1990.

论(Interaction Hypothesis)。朗特别强调当学习者与他人特别是高水平对话者进行交际互动、意义协商时会产生负面数据,导致产生交际反应或修正,这种反应和修正能使学习者关注语言形式从而提高语言表达的准确性①。

理论基础之三是斯温(Swain)提出的语言"输出假说"理论(Output Hypothesis)。斯温指出当学习者试图用二语(外语)表达意义时,他们将被迫关注语言结构和词汇的选择运用,这一过程能使学习者注意到自身中介语系统与目的语的差距,从而起到关注语言形式、提高表达准确性的目的②。

第四节　平衡形式与意义的语法教学策略

一、突出语用平面教学

语法三平面理论提出,语法包括句法、语义和语用三个平面。对外汉语语法的教学与研究必须融进三个平面结合的理论和方法。只有融进三个平面的理论和方法教学才会有生命力,研究才能向纵深发展③。

---

① M. Long, "The Role of the Linguistic Environment in Second Language Acquisition", *Handbook of Second Language Acquisition*, SanDiego: Academic Press, 1996, pp.413-468.
② M. Swain, "Communicative Competence: Some Roles of Comprehensible Input and Comprehensible Output in its Development", in *Input in Second Language Acquisition*, Newbury House, 1985, pp.235-256.
③ 卢福波:《关于"太"字结构的教学与研究——谈对外汉语语法教学三个平面的结合问题》,《世界汉语教学》2000 年第 2 期。

以语用为导向的语法教学模式,是以语法三平面的语用平面为导向,目的之一就是要解决汉语学习形式和意义难以兼顾的矛盾。通过语法三平面知识的讲解,加深对句法、语义和语用的理解,通过偏误辨析,有目的地提高学习者元语言反思的意识,促进对语言形式的有意注意。

(一)语用平面偏误多

语法教学中,一直以来比较重视形式和意义的讲解,语用平面的教学比较欠缺。语法教学模式应该重视对语用平面知识的讲解,因为相当一部分语法偏误是由于表达时选择了错误的语法项目进行交际而造成的。也就是说,在此语境下不适合用该语法进行交际,这种语法偏误是由于习得者在习得的过程中对于语法使用条件把握不当造成的。在调查中我们发现,这种语法偏误随着语法习得难度系数的增加而逐渐增多。同时,我们传统的语法教学以讲解和机械操练为主,这种教学方法的缺点就是难以让学习者了解该语法点的使用条件是什么,以及该语法点与其他类似的语法点的使用条件的差异在哪里。

(二)语用平面教学很重要

对语言学习者来说,语用意义是关键①。语言的本质是交际工具,语法作为语言的有机组成部分之一,其主要功能也是促进交际顺利进行。在交际中,说话者会有意无意地使用各种语法组织语句,表达思想。交际语句中语法是否符合规律,使用是否正确,是语法教学的一个重要目的。由此看来,能否把握语法的使用条件,让二语学习者知道在什么条件下应该使用什么语法点,是语法

---

① 邵敬敏:《"语义语法"说略》,《暨南学报(人文科学与社会科学版)》2004年第1期。

教学的一个重要任务。把握语法的使用条件,恰恰是语法习得的一个难点,很多语法偏误是由于把握不好语法点的使用条件造成的[1]。常常有学生产生这样的困惑,"这个语法什么时候用","这个语法和那个语法之间有什么不同","什么时候用这个语法,什么时候用那个语法",诸如此类的问题,实际上都是对于语法使用条件的困惑。因此,针对语法使用条件的研究和课堂教学设计尤为重要。

针对语法的课堂活动的一个重要目的是,通过训练使学习者在交际的过程中体会真实的语法使用条件,了解常见的语法使用情境。

二、主题式操练

主题式操练,是围绕特定主题进行的一系列语言操练活动[2]。它通过构建典型场景,将语法、词汇、语境等要素有机地结合在一起。这种操练方式通常从大主题入手,逐步细化到小主题,使学生在具体、生动的语境中学习和掌握语法知识。主题式操练对于提高语言表达的准确性、得体性和流利性具有很重要的作用。

(一) 增强语境意识

主题式操练是一种高效的教学方法,它通过构建典型的生活或工作场景,为学生提供具体而生动的语境,使他们在实践中理解

---

[1] 王燕飞:《论语外偏误与语内偏误——以"把"字句为例》,《语言文字应用》2014年第1期。

[2] 靳洪刚:《21世纪的外语教学:以能力为出发点的主题导入教学新论》,《国际汉语教学研究》2015年第3期。

和运用语法知识。这种方法不仅能让学生掌握语法的规则，更重要的是可以培养他们的语境意识。在实际交流中，语境是决定语法结构和表达方式的关键因素。通过主题式操练，学生能够学会如何根据不同的语境，灵活选择最合适的语法结构和表达方式，从而使他们的语言更加地道、流畅。此外，这种操练方式还能激发学生的学习兴趣，使他们在轻松愉快的氛围中掌握语法知识。

（二）提高理解深度

在教师的启发与引导下，学生们的学习过程超越了仅仅模仿语法表面形式的层面。他们被鼓励去探索语法背后的逻辑，深入理解每一项语法规则的使用条件及其在特定语境中的表达功能。这种深入的学习模式，促使学生们构建起对语法的全面认知框架，不仅知其然，更知其所以然。因此，学生们能够更加牢固地掌握语法知识，并在实际交流中展现出高度的灵活性。帮助他们根据对话的情境、目的及听众的需求，自如地运用所学语法，使交流既准确又富有表现力。

（三）促进语言生成

主题式操练具有高度的生成性特点，在语法教学活动中具有独特的优势。这一方法不仅为学习者创造了大量针对目标语法点的实践机会，还鼓励他们在实际语境中不断尝试与运用。通过反复操练和积极输出，学生们能够逐步巩固并加深对语法知识的内在理解，将抽象规则转化为具体的语言技能。这一过程不仅可以强化他们的语法基础，还能显著提高语言运用的准确性和流利度。

（四）激发学习兴趣

围绕学生感兴趣的主题进行操练，这种方法能够激发他们的学习兴趣和积极性。当学习内容与学生个人兴趣紧密相连时,学生会更加主动地投入学习过程中,愿意花费更多的时间和精力去探索和掌握相关知识。这种内在的动力不仅使学习过程变得更加愉悦,还能够在很大程度上提升学生的学习效果。学生在感兴趣的主题中操练,往往能够更快地理解知识,更牢固地记忆信息,从而在整体上实现学习效率和质量的双重提升。

(五) 培养语言能力

主题式操练作为一种综合性的教学方法,可以强化学生的语法知识,提高学生的听、说能力。在这样的学习过程中,学生不仅能够加深对语法规则的理解和运用,还能在真实的语境中锻炼自己的听力理解能力、口语表达能力。因此,主题式操练是促进学生语言能力提升的有效途径,有助于他们在实际交流中更加流利、准确地运用语言,为语言学习打下坚实的基础。

三、任务型活动

吴中伟提到,纽南(Nunan)把教学任务区分为"真实性任务"和"教学性任务"[①]。

(一) 教学性任务

教学性任务是指那些在课堂上设计的、具有明确教学目标和可控制性的任务活动。这些任务通常要求学生运用所学的语言知识(包括语法点)来完成特定的交际或认知目标。与主题式操练相比,教学性任务更加注重语言的实际运用和交际功能的实现。

---

① 吴中伟、郭鹏:《对外汉语任务型教学》,北京大学出版社 2009 年版,第 55 页。

当学生通过主题式操练对目标语法点有了深入的理解和一定的运用能力后,引入教学性任务是一个非常有效的后续教学步骤。这种任务设计旨在让学生在更为真实、有控制的环境中自由地使用他们所学的语法点,进行意义协商,并完成特定的教学任务。教学性任务在语法教学中可以帮助学生提高语法的运用能力。

1. 教学性任务的特点

教学性任务的特点主要体现在其针对性和结构性上。

首先,针对性是教学性任务的核心特征之一。这类任务通常是针对特定的知识点或技能进行精心设计的,旨在通过任务的完成来加深学生对这些内容的理解和掌握。这种针对性的设计能够确保学生在学习过程中集中注意力,有效提升学习效率。

其次,结构性也是教学性任务的重要特点。这类任务往往具有清晰的结构和明确的步骤,使得学生能够按照指导逐步完成。这种结构性的设计不仅有助于学生更好地理解任务要求,还能够帮助他们逐步建立起解决问题的思维框架,从而提升他们的学习能力。

2. 教学性任务的作用

首先,巩固语法知识是教学性任务的重要目标之一。这类任务通过反复练习和强化训练,使学生能够更加牢固地掌握语法基础知识。通过不断地运用和实践,学生可以加深对语法知识点的理解,提高记忆效果,从而在真实性任务的实施中更加游刃有余。

其次,教学性任务还具有引导学习的作用。它们可以作为一种有效的引导手段,帮助学生逐步深入语法学习,探索更复杂的语法知识和技能。通过完成这些任务,学生可以逐渐深化对语法的整体认识,熟练应用语法,为真实交际环境中运用语法进行交际打下坚实的基础。因此,教学性任务在学生的语法学习过程中发挥着重要的作用。

最后,增强语法应用能力。通过完成教学性任务,学生可以锻炼自己的语法应用能力。通过不断练习和反馈,学生的语法应用能力逐渐提高,他们能够更加自如地在口头和书面表达中运用正确的语法,使语言更加准确、流畅。这种能力对于他们的语言学习具有重要作用,不仅有助于其提升整体语言水平,还为未来的真实交际活动奠定坚实的基础。

(二)真实性任务

在三平面知识的深入讲解后,特别是通过对语用平面的细致剖析,学生已经打下了坚实的语言基础。语用平面关注语言的使用环境和交际功能,这使得学生在理解语言如何在实际情境中运用方面有了更深的认识。随后,通过主题式操练和教学性任务的有机结合,学生的语法运用能力得到了显著提升。

在这个基础之上开展真实性任务,即那些贴近现实生活、具有实际交际价值的任务,可以为学习者提供一种真实的交际场合,让他们在这种场合中自由表达,从而进一步提高语言表达的流利性,达到语言表达形式和意义的高度统一。

1. 真实性任务的特点

首先,真实性是真实性任务的核心特点。真实性包括真实的问题、真实的任务情境、真实的内容和真实的参与体验。真实性任务的内容、情境和结果都应尽可能贴近现实生活或实际问题,使学生能够在实际操作中运用所学知识和技能。这种真实性能够充分调动学生的语法学习兴趣,引导学生积极参与问题解决和学习探究的过程。

其次,真实性任务具有综合性的特点。在执行真实性任务的过程中,学生需面对涵盖广泛词汇与多样语法点的挑战,这要求他们积极调动思维,运用丰富的语言手段来精准表达思想。这种融合了多方面语言要素的复杂任务，对于锻炼学生的问题解决技巧及激发其创新思维具有显著作用。

最后，真实性任务具有实践性的特点。它着重于语言的实际应用，鼓励学生在实际交流中不断摸索与调整语言表达方式。通过这一实践过程，学生不仅积累了宝贵的语言运用经验，还加深了对语法知识的内化理解与掌握程度。

2. 真实性任务的作用

首先，真实性任务可以提高语法运用能力。在语法真实性任务中，学生被置于一个必须使用目标语言进行实际交际和沟通的情境中。这种情境模拟了现实生活中的语言运用场景，迫使学生不得不运用所学的语法知识来表达自己的思想、交流信息。通过不断实践，学生能够更加熟练地掌握语法规则，提高语言运用的准确性和流畅性。这种实践性的学习方式，不仅有助于学生加深对语法知识的理解，还能让他们在实际运用中不断调整和完善自己的语言技能，从而真正提高语言运用能力。

其次，真实性任务可以激发学习兴趣和动机。真实性任务往往设计得更为有趣、更有意义，它们通常与现实生活紧密相连，能够引起学生的共鸣和兴趣。与语法教学性任务相比，真实性任务更具有挑战性，激发学生去探索和尝试。这种任务能够点燃学生的学习热情，使他们对语法运用产生浓厚的兴趣和内在动机。当学生意识到所学语法知识能够在实际生活中发挥作用时，他们会更加主动地参与到学习中来，积极寻求提高自己的机会。这种主动性和积极性是学习的重要动力，能够推动学生在语法学习上取得更大的进步。

第四章
语言能力

第一节 语言能力的构成

一、语言能力的内涵

乔姆斯基认为,语言能力由共同的语言原则构成,即语言结构知识或语法规则体系,它是认知能力的一部分,也是一种心智状态。乔姆斯基所说的语言能力,其实是指语法能力,而不是交际能力[①]。海姆斯随后提出交际能力的概念,认为语言知识不是全部,交际能力是由组织语法和语篇的能力,以及语用能力(言外能力、社会语言能力)组成的[②]。

胡文仲和高一虹认为,语言能力指的是语言知识的掌握和语言技能的运用能力[③]。从知识的角度来看,语言能力包括语言单

---

① 黄国文:《Chomsky 的"能力"与 Hymes 的"交际能力"》,《外语教学与研究》1991 年第 2 期。
② [美]库玛:《第一讲 语言教学法的历史发展》,刘颂浩、柳江译,《国际汉语教学研究》2017 年第 1 期。
③ 胡文仲、高一虹:《外语教学与文化》,湖南教育出版社 1997 年版,第 73 页。

位各个层次的知识——语音、词汇、语法、章等。从语言技能来看,它包括听、说、读、写、译。

在国际中文教育学界,刘颂浩在吸收前人研究成果的基础上提出过一个供语言教学使用的交际语言能力模型(如图 4-1)①。

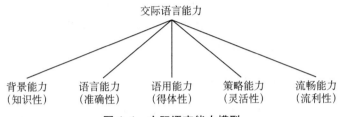

图 4-1　交际语言能力模型

这一模型中,除学者们经常提到的语言能力、语用能力和策略能力外,背景知识能力和流畅能力被纳入进来,并和语言教学中经常提到的知识性、准确性、得体性、灵活性和流利性进行了对应,更便于在教学中采用。交际语言能力的细化,为确定教学目标提供了比较完整的框架②。

《国际汉语教学通用课程大纲》提出语言综合运用能力的概念,由语言技能、语言知识、策略、文化能力四方面内容组成。其中,语言技能和语言知识是语言综合运用能力的基础;策略是提高效率、促进学习者自主学习和发展自我能力的重要条件;文化能力则是培养学习者具备国际视野和多元文化能力、更得体地运用语言的必备元素③。

---

① 刘颂浩:《第二语言习得导论》,世界图书出版公司 2007 年版,第 29 页。
② 刘颂浩:《教学模式讨论和对外汉语教学学术环境建设》,《华文教学与研究》2016 年第 1 期。
③ 孔子学院总部、国家汉语国际推广领导小组办公室:《国际汉语教学通用课程大纲》,北京语言大学出版社 2014 年版,第 5 页。

(一) 语言能力和语言知识

语言能力和语言知识是相互依存、相互促进的。语言知识为语言能力的发展提供基础和支持，而语言能力的实践又能够巩固和深化语言知识。只有全面掌握语言知识，并在实践中灵活运用，才能真正提高语言能力。同时，语言能力的提升也会促进对语言知识的更深入理解和掌握。

(二) 语言能力和交际能力

语言能力是交际能力的基础，没有语言能力就无法进行有效的交际。交际能力则是语言能力的应用和体现，它使语言在实际交际中发挥作用。语言能力和交际能力在个体的语言学习过程中相互促进。语言能力的提高有助于交际能力的增强，而交际能力的实践又能够巩固和深化语言能力。语言能力更侧重于语言本身的掌握和运用，而交际能力则更侧重于语言在实际交际中的得体性和有效性。

二、语言能力的外延

语言能力的内涵与外延是一个复杂而多维的概念，它涉及语言知识，个体在言语交际中所具备的运用知识进行交际的能力和技巧，以及这些能力在实际应用中所涉及的广泛领域和方面。交际能力概念打破了传统语言学只关注语言形式的局限，将语言使用置于更广阔的社会文化背景下进行考察。这一观点对于语言教学、测试以及跨文化交际研究都具有重要意义。在语言教学中不仅要注重语言知识的传授，还要注重培养学生的语用能力和跨文化交际能力，使他们能够在不同的社交场合和语境中得体地使用语言。

(一) 语言知识能力

1. 语言知识的运用能力

语言知识的运用能力包括对语言形式的理解和掌握,如语音、词汇、语法等。仅仅掌握这些语言知识是不够的,还需要知道如何在实际交际中恰当地运用它们。个体在掌握了一定量的语言规则、词汇、语法和语用知识后,要能够在实际交流、写作、阅读或听力理解中灵活运用这些知识,以达到有效沟通、表达思想、获取信息和解决问题的目的。这是进行有效沟通的基础,需要打下坚实的语言基础,包括词汇量的积累、语法的掌握以及发音、语调的正确性。

2. 语言结构的组织能力

个体在运用语言时,能够有效地组织和安排语言元素(如词汇、短语、句子和段落)以构建清晰、连贯、富有逻辑性的表达,即能够根据需要构建合适的句子和篇章,以表达特定的思想和情感。这种能力对于有效沟通、写作、演讲和其他任何形式的口头或书面表达都至关重要。

(二) 语言运用能力

1. 语用能力

海姆斯指出,如果说一个人获得交际能力,那他就应该知道对什么人在什么场合和什么时间用什么方式讲些什么和不讲什么[①]。

语言能力这一概念广泛且复杂,它不仅仅局限于词汇积累与语法规则的掌握。实际上,其内涵深远,触及语用能力的核心

---

① 黄国文:《Chomsky 的"能力"与 Hymes 的"交际能力"》,《外语教学与研究》1991 年第 2 期。

层面。这意味着,真正的语言能力,不仅要求我们能够正确构造句子、表达思想,更需要我们具备在不同语境下恰当、得体地使用语言的能力。因此,语言能力的提升,是一个全方位、多维度的过程,它要求我们既深耕语言基础,又不断拓展语用实践,以实现语言的灵活运用与有效沟通。

交际能力,实际上是对个体在不同社交场合和语境下语言运用能力的全面考验。它不仅要求交际者具备扎实的语言基础,更需要深刻理解并遵循社会语言学中的一系列约定俗成规则,如礼貌原则、避讳原则等。

2. 文化能力

交际能力不仅关乎语言本身,还深深植根于对文化背景的理解与尊重之中。它要求交际者具备跨文化意识,能够洞察并适应不同文化背景下的交际习惯与规范。这意味着,在交流过程中,交际者需要灵活调整自己的语言行为和非语言表现,以确保信息传递的准确性和恰当性,从而保障交际活动的顺畅进行。总而言之,交际能力是一种综合性的能力,它融合了语言技巧、文化背景知识和社交智慧。

胡文仲、高一虹认为,"社会文化能力"是外语教育的宏观目标,要具备运用已有的知识及技能有效地加工社会文化信息的能力[①]。它强调学习者需具备这样一种能力:能够熟练运用已掌握的知识和技能,对社会文化信息进行深入且有效的处理。这要求学习者不仅精通语言本身,更要深入理解目标语言背后的社会文化背景,从而在交流过程中能够准确解读并恰当地回应文化差异,实现真正意义上的跨文化沟通。因此,"社会文化能力"的培养,是外语教育不可或缺的一环,它助力学习者在全球化时代中更加游刃有余。

---

① 胡文仲、高一虹:《外语教学与文化》,湖南教育出版社 1997 年版,第 76—77 页。

第二节　语言能力的培养

一、提高对语言知识的认知能力

如前所述,解决问题的过程实际上就是一个能力提升的过程。通过不断地解决问题,学生逐渐掌握新的语言知识,提高语言运用的熟练度,语言能力也就不断增强。

对于语法的习得来说,学生的偏误主要集中体现在语法的结构和应用方面。在教学中,教师应该有针对性地设计教学方案,提高学生对语法结构、应用的理解能力和语法运用的熟练度,使其语法的应用能力也随之不断提高。

在以往的语法教学实践中,一个常见的现象是教师过度聚焦于语法结构的讲解与分析,而忽视了语用平面的教学。这种做法往往导致学生在语言运用时,语法使用不够得体。因此,语用平面的习得偏误,不仅影响学生的语言交流能力,还可能阻碍其跨文化交际的顺利进行。

为了改善这一状况,教师需要在教学设计中融入更多语用平面的教学内容,通过模拟真实交际场景,帮助学生更好地理解并掌握语法在实际生活中的运用规则。

二、提高运用语言交际的能力

语言教学模式应能提高学生解决问题的能力,促进其思维发展。基于上述分析,语言教学模式应当注重以下几点。

(一) 情境化教学

通过模拟真实或接近真实的语言环境,让学生在具体情境中学习和使用语言,是一种极为有效的教学方法,能够显著增强学生的语言实际应用能力。这种方法不仅有助于学生更好地理解语言的结构和规则,更重要的是,它使学生能够亲身体验语言在真实交际中的使用方式,从而更加深刻地理解语言的本质和功能。

在模拟的语言环境中,学生可以扮演不同的角色,参与各种模拟的交际活动,如对话、讨论、演讲、辩论等。这些活动不仅能够锻炼学生的听、说、读、写各项语言技能,还能够培养他们的语境意识和交际能力。通过不断实践和反思,学生可以逐渐掌握在不同情境下如何恰当地选择和使用语言,从而更加自信地进行真实交际。

此外,模拟真实或接近真实的语言环境还能够激发学生的学习兴趣和动力。在这种环境中,学生不再是被动的接受者,而是主动的参与者和创造者。他们可以根据自己的兴趣和需求,选择适合自己的学习材料和活动,从而在轻松愉快的氛围中提高语言能力。

因此,教师在设计教学活动时,应尽可能多地采用模拟真实或接近真实的语言环境,让学生在具体情境中学习和使用语言。这不仅可以提高教学效果,还能够培养学生的实际应用能力和综合素质,为他们未来的学习和生活奠定坚实的基础。

(二) 任务导向学习

任务型教学法是从交际法发展来的。任务具有多种分类,根据任务与生活实际的相似程度,可以分为真实性任务和教学性任务。教师会设计具有挑战性和实用性的学习任务,鼓励学生通过完成任务来解决问题,从而在实践中提升语言能力。

教学性任务和真实性任务在语言教学中各有特点，选择时应根据教学目标、学生需求和实际教学环境进行权衡和侧重，合理选取和搭配。在教学设计中，教学性任务和真实性任务如何做出选择，教师应考虑哪些方面，两种任务的效果如何，这也是需要去探索的。

　　教学性任务通常设计得较为简单、直接，主要侧重于语言形式的练习和掌握。这类任务通常具有明确的指导和步骤，便于学生逐步学习和掌握目标语言结构。而真实性任务则更注重实际交际中的应用，通常涉及更复杂的语言环境和更真实的交际场景。这类任务能够帮助学生更好地理解和适应实际语言交流中的复杂性和多变性。

　　在教学实践中应对比教学性任务和真实性任务，深入探究两者在教学中的作用和适应性。这种对比不仅有助于教师更全面地理解不同交际任务在教学中的效果，还能为后续的教学工作者提供宝贵的参考和借鉴。

　　通过对比这两种任务，教师可以更清晰地看到它们在教学中的优势和不足。教学性任务在帮助学生建立语言基础、掌握基本语法规则等方面具有明显优势，而真实性任务在培养学生实际交际能力、提高语言运用灵活性等方面则更具优势。教师在选择和使用交际任务时，需要根据教学目标进行综合考虑。

（三）注重培养学生的思维

　　引导学生对语言现象进行深入思考和分析，培养他们的思维能力，使他们能够更准确地理解和运用语言。

　　语法的三平面知识，特别是对语用平面知识的理解，存在较大难度。在教学中，教师宜采用启发式教学促使学生思考语法的使用条件、表达功能的方式，提高学生的参与度，帮助学生对老师提出的问题进行积极思考和互动。

对于语法的语用平面,在教学中可以通过这样的方式来启发学生思考,鼓励他们积极参与课堂互动。教师通过精心设计的提问策略,激发学生主动思考,随后由教师引导,进行归纳整理,有效促进学生对语义内涵和语用规则的把握与内化。

针对典型语言使用场景的教学,我们可以在主题引入环节采用情境模拟、问题驱动及新旧知识衔接等方法,激发学生的想象力与探索欲。例如,在讲解表示存在的"V+着"句型时,引导学生设想身处美术馆或博物馆,面对展品时的描述冲动,思考如何生动地向未亲临现场的人传达所见所感,以此加深对典型场景下语言表达方式的理解。

至于语法的具体使用条件,我们在主题训练的深化与总结阶段,巧妙运用对比教学法,将目标语法点与相似语法点并置分析。在教师提出的思考框架下,鼓励学生自主辨析两者间的异同,从而深刻认识到目标语法(如"V+着"句)使用条件的独特性与限制性。例如,通过对比"V+着"句与"有"字句,探讨前者在表达存在方式方面的优势,以及两者在语境适用上的微妙差别。

最后,针对语法的表达效能,在主题训练的尾声阶段,采用对比分析与互动提问的方式,引导学生共同提炼总结。以"V+着"句为例,引导学生反思为何在描绘场景布置时更倾向于使用"V+着"句而非"有"字句,以此揭示该句型在表达细腻情感、营造现场氛围等方面的独特价值,从而全面深化学生对语法形式与功能之间关系的理解。

通过这样的方式,实现从教师单向传授到引导学生主动思考、师生共同总结的转变,可以激发学生的学习热情与参与度,提高学生的理解能力,活跃课堂氛围,鼓励学生积极思考与踊跃表达,在缩短教学时间的同时提升教学效果。

第三节 外国人学语法的问题

语言能力牵涉很多方面,但是主要包括语言知识和交际能力两个方面。外国人学习中文主要问题也表现为对语言知识的认知能力和交际能力的不足。问题和能力是一致的。语言教学中解决学生的问题就能提高语言能力,语言能力提高了,问题就能相应地得到解决。

一、问题与能力的关系

这里所指的"问题"通常指的是学生在学习过程中遇到的困难、挑战或不解之处,而"能力"则是指学生掌握和运用语言知识的水平。这两者之间存在着密切的相互作用的关系。

(一)问题解决与能力提升

在语言教学中,当学生面对问题时,如词汇记忆、语法理解、交际障碍等,他们需要通过各种学习策略和方法来寻求解决方案。这个解决问题的过程实际上就是一个能力提升的过程。通过不断地尝试、反思和调整,学生逐渐掌握新的语言知识,提高语言运用的熟练度,从而增强语言能力。

(二)能力提升与问题减少

当学生的语言能力得到提升时,他们原本面临的问题往往会逐渐减少或变得更容易解决。例如,一个词汇量丰富的学生可能更容易理解阅读材料,一个语法掌握扎实的学生可能在写作时更加得心应手。这种能力的提升为学生解决新问题提供了更好的基础和工具,使他们能够更加自信地面对学习中的挑战。

(三) 相互促进的循环

问题和能力之间形成了一个相互促进的循环。一方面,学生通过解决问题来提升语言能力;另一方面,语言能力的提升又有助于他们更有效地解决新问题。这种循环不仅推动了学生的学习进步,还培养了他们的自主学习能力和问题解决能力。

因此,在语言教学中,教师应该关注学生的学习问题,通过提供适当的教学支持和引导,帮助学生解决问题并提升语言能力。同时,教师还应该鼓励学生主动面对问题、积极寻求解决方案,以培养他们的自主学习能力和创新思维。这样,学生就能够在不断解决问题的过程中实现语言能力的全面提升。

二、外国人学汉语语法时存在的问题

前文提到,这里所指的"问题"通常指的是学生在学习过程中遇到的困难、挑战或不解之处。在语法学习中,外国人遇到的挑战是什么呢?

语法习得偏误是了解外国人学习汉语语法过程中存在的困难的一个重要途径。在学习第二语言时,无论是汉语还是其他语言,学习者都可能会因为母语的影响、语言规则的复杂性、学习环境的不同等多种因素而产生偏误。这些偏误不仅反映了学习者在语言习得过程中的难点和困惑,也为教学者提供了宝贵的反馈,帮助他们调整教学策略,提高教学效果。

王燕飞以是否合乎语法使用条件为依据,将语法偏误分为语外偏误与语内偏误。语外偏误是由对语法的使用条件把握不当,选择了错误的语法点而造成的;语内偏误是由对于语法点的结构把握不当造成的①。卢福波将偏误归纳为表层的结构偏误和深层的应用偏误②。

以动词重叠为例,经过对动词重叠习得偏误的考察,我们发现,动词重叠的常见习得偏误有两大类:一类是结构性偏误,另一类是语用性偏误,后者是对语法的使用条件、表达功能不了解所造成的偏误。

(一) 结构性偏误

这类偏误主要表现为一些动宾结构的复合词,在重叠时,学生把动词性语素和后面的名词性语素都重叠了,例如(注:"＊"代表此句有误,下同):

① ＊今晚上我不去看电影,我在家睡觉睡觉。
② ＊下课的时候,我和朋友聊天聊天。

还有一类表现为,过去时态的动词重叠,"了"的位置不对。比如:

③ ＊我昨天晚上在宿舍看看书了。

这些偏误之所以是结构性偏误,原因在于,在这种语境中是可以使用动词重叠的,只不过学生对于动词重叠的形式和不同结构的汉语动词的重叠形式不够了解。实际上这并不是因为此时不该用动词重叠进行表达所导致的,也就是说,学生对于动词重叠的使

---

① 王燕飞:《论语外偏误与语内偏误——以"把"字句为例》,《语言文字应用》2014 年第 1 期。
② 卢福波:《汉语语法点教学案例研究》,商务印书馆 2016 年版,第 87 页。

用条件是了解的,知道此时该用动词重叠进行表达。

(二) 应用性偏误

应用性偏误主要表现为,在交际中学习者不知道该用某个语法点进行交际,这种偏误主要是由学生对于动词重叠的使用条件不了解所导致的。也就是说,该用动词重叠的时候没用,或者不该用动词重叠的时候却用了。例如:

不该用动词重叠却用了的情况:

④ ＊我不睡睡觉。
⑤ ＊小明上课总是说说话。
⑥ ＊我昨天晚上一直看看电视。
⑦ ＊玛丽在试试衣服。

句子④用了否定词"不",动词重叠是表达做了什么或者要做什么,这些动作时间短,否定句说明该动作没有出现,或者不会出现,所以动词重叠不能用于否定句中。

句子⑤上课说话这种行为是违反课堂规定的,并不是一个轻松愉快的、休闲的事情,所以不应该用动词重叠,应该说"小明上课总是说话"。

句子⑥用了"一直"这个副词,这个词表示时间长,与动词重叠表示短时的意思是不相符合的,所以不能用动词重叠,应该说"我昨天晚上一直在看电视"。

句子⑦用了"在","在"表示正在,语义焦点在正在发生的意思上,语义焦点不是短时、轻松、随意的意思,二者表达功能不一致,这种意思用"在/正在＋V"这种结构来表达。

该用动词重叠却没用的情况:

⑧ ＊下课了,我们休息。

⑨ *这件衣服很好看,你试这件衣服。

这两句话旨在传达短暂而愉悦的氛围,因此,采用动词重叠的形式来表达会更为贴切和自然,能够体现出轻松、随意的语气。相反,若不运用动词重叠,句子则可能显得较为生硬,带有命令或强制的意味,这样的语气和态度容易让听者感到不适,难以营造出温馨、愉悦的交流氛围。

语法习得偏误的根源之一往往在于学生对语法的语用平面知识缺乏深入的理解。语用平面涉及语法在特定语境中的使用规则,它超越了单纯的语法结构层面,关注语言如何在实际交流中恰当、有效地运用。

当学生未能充分掌握语法的语用平面知识时,就容易出现"该用的时候不用,不该用的时候却用了"的现象。这种现象不仅影响了语言表达的准确性和流畅性,还可能导致交际障碍或误解。

因此,提高学生对于语法的语用平面的理解和应用能力,对于提升他们的语言能力至关重要。这要求教师在教学过程中,不仅要传授基本的语法规则,还要注重引导学生理解语法在不同情境下的使用方式,语法的使用条件、表达功能,培养他们的语用意识和交际策略。

第四节 语法教学存在的问题

语法教学要培养学生的应用能力,除了要采用交际性的教学方法,其次还要突出语用平面的教学。然而在教学过程中,我们发现,语法书上讲的语法规则往往不能直接在教学中应用,语法规则应该服务于教学,根据实际进行转化。

卢福波剖析了现行语法教学中的两种教学模式:一是偏重刺激-反应式的操练模式,这种模式只是让学生做简单的、机械的模仿和套用;二是偏重语法认知讲解的教学模式,这种模式"没有真正把学习者的汉语学习目的放到教学的第一位"①。

一、 语法书对语法点的解析问题

语法书是教师备课和讲课的重要依据,一般教师在讲解语法时,常常会参考语法书或者教材里的语法解析,所以语法书对语法的解析对教师具有重要的指导作用。

语法书对语法点的讲解偏重形式和语法意义。一般是这样的思路:先说明语法意义,然后逐项列举其用法,在每个用法下面展示一些例句以证明这些规则。

例如,刘月华在《实用现代汉语语法》中对副词"只"的分析:

首先阐明意义:"只"是一个表示范围的副词,它的基本作用是表示"限定",在句法上修饰它后面的动词(短语),在语义上,限定动词所表示的行为动作或其所设计的事物的范围。

然后逐项分析其用法,例如第一个用法:"只"限定动词的宾语,一般情况下,"只"用在主语后,谓语动词前,在语义上可指向动词后面的宾语,例如:

① 这学期,我们只学习汉语。
② 我父母去世早,身边只有哥哥、姐姐了。
③ 那两个村庄只隔一条河。

---

① 卢福波:《语法教学与认知理念》,《汉语学习》2007 年第 3 期。

④ 姑娘朝大刘走来了,小伙子只觉得脸上热烘烘的。

此用法讲的是词语之间的搭配规律,本质上还是结构规律的描写,尚不能解决为什么要用、什么时候要用、满足什么条件能用某个语法点的困惑。所以,"用法"并不等同于语用。用法是总结某个语法成分在上一个层面与其他成分的搭配规律,前后的成分是什么样,有什么特征,是什么类型。其本质上还是结构、形式的分析,而不是更深层次的意义的认知。

这种分析方法其实是只做了形式和意义两个层面的工作,但是中间的环节,对语用平面则缺乏关注。

二、常见语法教学法的问题

国际中文教师在语法教学中常会遇到以下问题和挑战:如何激发学生的语法学习兴趣;如何提高学生的课堂参与度;如何设计有效的课堂活动;如何提高学生对语法的语用平面的认识;如何在教学过程中贯彻语用平面教学等。

当前的语法课堂教学常用方法有三种:一是语法翻译法,二是听说法,三是交际法。这些教学方法都各有优势,也各有劣势。现代二语课堂教学中,虽然语法翻译法也有其存在的价值,但语法翻译法常因缺乏交际性和学生被动接受知识等被诟病。

听说法和交际法,虽然较常使用,但也存在诸多问题。

(一) 听说法的问题

听说法为主的教学,表现为通过句型操练来培养口语听说能力,操练形式有模仿造句、跟读等。这种方法有如下几个方面的弊端:

（1）属于机械性操练形式，容易使学生陷入单调、枯燥的学习状态，缺乏真实语境的交流，难以培养学生的实际交际能力。

（2）学生被动模仿，难以调动学生的思考，不能激发学生的学习积极性和主动性。

（3）过于注重语言形式，忽视了语言的意义和语境，导致学生语言运用能力不强。

（二）交际法的问题

交际法为主的课堂教学，通常会辅之以语法翻译法和听说法。课堂教学以情境问答练习为主，存在的主要问题如下：

（1）场景分散，频繁地切换话题，每个场景的目标表达式输出的量不够多，生成性不够高。

（2）跳跃性大，场景和场景之间缺少联系，导致学生跟不上教师的思维。

（3）举例加问答练习的模式，缺乏对语用知识的有效讲解和引导。

（4）讲解方式通常是语法规则的列举，是从形式到意义的教学路子，对语法知识的认知作用不大。

以上两种教学方法，课堂教学效率不高，原因是多方面的：一是学生对于结构掌握不够熟练，输出的时候速度很慢，其间教师需要不断提醒或者纠错，完成一个问答话轮需要较长时间，导致效率较低；二是教师教授语法以语法规则的识记为主要目的，举例较多，而应用导向的思考和练习较少；三是教师设置语境时间长，而提供的话题却没有深入地开展交际性问答练习，频繁切换话题，且话题与话题之间缺乏有机的联系。

通过文献学习和对语法教学现状的了解，我们认为，构建新型的语法教学模式，提高语法教学的交际性、应用性和目标表达式的生成性,加强对语法语用平面的教学,提高学习者对于语法的应用能力,可以改变当前语法教学存在的问题。基于我们以往的语法教学模式改革中的实践经验和已经取得的成效,我们认为,语法教学应该以提高学生应用能力为首要目标,明确语用平面应该教什么,以及采用什么样的教学设计、教学方法、教学模式。

三、语法语用平面教学的问题

卢福波指出,以往对外汉语语法教学的最大缺陷是没有很好地体现培养学生实际运用汉语的能力这一教学目的,而只是偏重于语法知识的教学,教什么和怎样教常常跟应有的教学目的以及学生的学习目的相违背。突出地表现在,只将汉语处理为一种静态的语言知识的教学,而不是与现实语境、现实交际目的结合的动态的言语教学①。卢福波(2022)又指出,传统的汉语语法教学主要是对语法规则进行描写及解释,不注重语用问题;而汉语作为第二语言教学的根本目的是培养学习者的汉语交际能力,这就要求我们必须加强汉语语法的语用教学②。许国璋曾经指出,语言学语法把语言作为一种规则的体系来研究,教学语法把语言作为一种运用的工具来学习。前者的目的是了解通则,即明理;后者的目的是学会技能,即致用③。

语言是交际的工具,语法作为语言的有机组成部分之一,其主要功能也是促进交际顺利进行。在交际中,说话者会有意无

---

① 卢福波:《谈谈对外汉语表达语法的教学问题》,《语言教学与研究》2000年第2期。
② 卢福波:《汉语语法教学理论与方法(第二版)》,北京语言大学出版社2022年版,第1页。
③ 许国璋:《许国璋论语言》,外语教学与研究出版社1991年版,第56页。

意地使用各种语法组织语句,表达思想。而使交际语句中语法符合规律,使用正确,是语法教学的一个重要目的。由此看来,能否把握语法的使用条件,让二语学习者知道在什么条件下应该使用什么语法点,是语法教学的一个重要任务。把握语法的使用条件,恰恰是语法习得的一个难点,很多语法偏误是由把握不好语法点的使用条件造成的。常常有学生产生这样的困惑:"这个语法什么时候用","这个语法和那个语法之间有什么不同","什么时候用这个语法,什么时候用那个语法"。更为常见的问题是,在表达的时候不假思索地用自己熟悉的表达方式随意进行表达,因此常常会出现"该用某个语法点不用,不该用的时候却用了"的问题。比如:

① ＊我看到您公司招聘启事以后把这封信写。(不该用"把"字句却用了)

② ＊我有自信导游的工作做得很好。(不该用情态补语)

③ ＊每天早晨,连我还没起床的时候,(妈妈)就起床准备上班。(不该用"连"字句)

④ ＊虽然我也否定不了一些包含着恶劣影响的音乐的存在,但我看来,其他的音乐无论是在艺术性方面,还是在商业性方面会起了正面的作用。(不该用可能补语,不该用"会",动词"起"后该用结果补语"到"却没用)

诸如此类的偏误问题,实际上都是源于不清楚语法使用条件。因此,针对语法使用条件的研究和课堂教学设计尤为重要。针对语法的课堂活动的一个重要目的,是训练学习者在交际的过程中体会真实的语法使用条件,了解常见的语法使用情境。

四、语法教学问题的解决策略

（一）语法教学需要改变传统的教师主导的教学模式

卢福波指出，以教师为主导的传统课堂教学模式在教学中占主导地位，语法教学的主要模式是模仿套用某种句式或格式，通过反复训练予以强化，以达到完全掌握和熟练套用的目的[①]。传统的教师主导的教学模式在语法教学中存在一些局限性，如学生参与度低、缺乏实际应用等。因此，改变传统的教师主导的教学模式，采用更加多元化和互动性的教学方法，提高学生的参与度，给学生提供更多贴合实际生活的交际机会，在用中学习语法的使用条件和表达功能，对于提高语法教学的效果至关重要。

首先，改变传统的教师主导的教学模式可以提高学生的参与度和学习兴趣。在传统的教学模式中，教师通常扮演着讲解者和示范者的角色，而学生则处于被动接受的状态。这种教学方式容易导致学生感到枯燥和无聊，缺乏学习的主动性和积极性。通过采用互动性的教学方法，如小组讨论、角色扮演、游戏等，可以让学生在轻松愉快的氛围中学习语法知识，提高他们的参与度和学习兴趣。

其次，改变传统的教师主导的教学模式可以帮助学生更好地理解和运用语法规则。在传统的教学模式中，教师通常会详细地讲解语法规则，并要求学生进行大量的练习和记忆，然而，这种教学方式往往忽视了语言的实际应用和语境的重要性。通过采用多元化的教学方法，如案例分析、情景模拟等，可以让学生在具体的语言环境中学习和运用语法规则，从而更好地理解和掌握语言的

---

① 卢福波：《谈谈对外汉语表达语法的教学问题》，《语言教学与研究》2000 年第 2 期。

结构和用法。

最后,改变传统的教师主导的教学模式还可以促进学生的自主学习和合作学习能力。在传统的教学模式中,学生通常依赖教师的讲解和示范来学习语法知识,缺乏自主学习和合作学习的机会,而通过采用自主学习和合作学习的方法,如在线学习、小组讨论等,可以让学生在课外时间继续学习和探索语法知识,同时也可以培养他们的合作精神和协作能力。

(二)语法教学方法需要具有较高的交际性

诚然,系统地教授语法基础知识是重要的,但语法教学的最终目的是教用法[1]。李晓琪也提出"通过必要的语法学习,使学习者易于表达,便于阅读,善于交际"[2]。针对语法教学"怎么教"这一问题,束定芳认为,外语学习一定要贯彻"语法原则"和"交际原则"[3]。程棠指出,从20世纪八九十年代开始,确定了以培养语言交际能力为对外汉语教学的总体目的,因此普遍主张句型练习和语法规则教学情景化、交际化[4]。

1. 常见的语法操练形式

在深入课堂听同行课的过程中,我们也发现很多教师在语法教学中基本都有情景化、交际化的教学意识,但是很多操练虽然设置了一定的语境,看似是交际性练习,但仍然没有摆脱"刺激-反应式操练"的模式。比如,有以下几种常见的操练形式:

---

[1] 张宝林:《对外汉语语法知识课教学的新模式》,《语言教学与研究》2008年第3期。
[2] 李晓琪:《关于建立词汇-语法教学模式的思考》,《语言教学与研究》2004年第1期。
[3] 束定芳:《语言与文化关系以及外语基础阶段教学中的文化导入问题》,《外语界》1996年第1期。
[4] 程棠:《对外汉语教学目的、原则、方法》,北京语言大学出版社2008年版,第123页。

(1) 跟读

教师或同学用某个句型说句子之后,教师带领大家齐读这个句子。这种操练方式是典型的刺激-反应式的操练模式,通过重复同一个句型,达到熟练掌握结构的目的,并不能让学生体会到语法的使用条件。

(2) 模仿造句

教师设置情境之后,给学生展示一个范例,进行一定意义的提示,然后请学生在这个语境下根据结构公式,逐一说句子。这种操练形式很普遍,但本质上还是传统的造句练习,属于句型操练,本质上是在练习结构。

(3) 接龙问答

老师问第一个学生问题,学生用目标表达式进行表达,接下来第一个学生问第二个学生,第二个学生输出目标表达式,第二个学生再问第三个学生,第三个学生输出目标表达式……这种问答形式相比前面两种练习来说,交际性有所提高,因为提问有时候是带有一定的语境的,可以算是一种交际问答练习。例句所传达出来的语境较弱,缺乏应用的主题,难以使学生认识目标语法点的典型应用场景,所以这种操练形式对于掌握句型结构的作用更大,对于实际应用能力的提高作用不大。

2. 交际性的语法操练方式

潘妮·厄尔(Penny Ur)在《如何通过课堂活动教语法》这本著作中,通过有意义的上下文开展语法课堂活动,提供了诸多教学案例,是把语法教学交际化、生活化的一种手段[①]。该教学法主张在真实的情境中学习语言,将语言学习和语言运用结合起来,这是

---

① [以]Penny Ur:《如何通过课堂活动教语法》,外语教学与研究出版社2022年版,第1—3页。

20世纪70年代强调"学以致用"的交际教学法的一种发展形态。这与任务型教学法的"从做中学、在用中学"理念不谋而合。

（1）强式交际法

交际教学法和任务型教学法是体现交际性的两种公认的教学方法。任务型教学法是从交际教学法中发展出来的，被认为是"强式交际法"。

强式交际法强调语言学习的重点是交际能力的培养，认为语言学习应该完全基于真实的交际活动。在这种方法下，教学过程中的重点放在学生之间的实际交流上，教师的作用主要是提供必要的支持和引导。强式交际法注重流利性和意义的传达，而不是语言形式的准确性。它鼓励学生在真实的语境中自由表达，即便他们的表达可能包含语言错误。

强式交际法的优势在于它能够培养学生的交际能力，使他们在真实的语境中更加自信地表达自己。然而，由于它过于强调交际能力的培养，可能会忽视语言形式的准确性，导致学生在语法和词汇方面出现错误。

（2）弱式交际法

弱式交际法认为语言学习应该在注重交际能力的同时，也关注语言形式的准确性。在这种方法下，教学过程会结合交际活动和语言形式的讲解与练习。教师不仅提供支持和引导，还会纠正学生的语言错误，帮助他们提高语言形式的准确性。弱式交际法既注重实际交际能力的培养，也注重语言知识的系统学习。

弱式交际法的优势在于它能够在培养学生交际能力的同时，也提高他们的语言形式的准确性。这种方法结合了交际法和传统语法翻译法的特点，既注重实际运用，又注重语言知识的系统学习。然而，弱式交际法可能相对较为保守，不太适应快速变化的语言环境和学生需求。

在实际教学中,强式交际法和弱式交际法可以相互补充,根据具体的教学目标和学生的需求灵活运用。对于初学者或语言水平较低的学生,弱式交际法可能更适合,因为它在注重交际能力培养的同时,也关注语言形式的准确性。而对于较高水平的学生或需要重点培养交际能力的课程,强式交际法可能更为适用。

任务型教学法可以被视为强式交际法的一个表现形态。任务型教学法强调在真实情境中完成真实的任务,旨在掌握真实的交际能力。这与强式交际法的理念相吻合,即语言学习的重点是交际能力的培养,而且应该完全基于真实的交际活动。在任务型教学法中,学生被鼓励在完成任务的过程中进行实际的语言交流,这有助于培养他们的实际交际能力和语言运用能力。

然而,需要注意的是,虽然任务型教学法与强式交际法在理念上有一定的联系,但它们并不完全等同。任务型教学法是一种具体的教学方法,而强式交际法更侧重于教学理念。任务型教学法可以在强式交际法的指导下进行,但也可以在其他教学理念的指导下进行。

因此,可以说任务型教学法是强式交际法的一种具体实现方式,但并非唯一的实现方式。在实际教学中,教师可以根据具体的教学目标和学生的需求,灵活运用不同的教学方法和理念,以促进学生的语言学习和发展。

(三)语法教学不能忽视语法知识的讲解

近年来,国外的相关研究结果显示,语法教学对提高外语学习者使用外语的准确性有着积极的促进作用[1]。

语法教学长期以来存在显性教学和隐性教学的争论,这一讨

---

[1] 衡仁权:《国外语法教学研究的最新发展综述》,《外语界》2007年第6期。

论以克拉申对有意识的语言学习与无意识的语言习得的区分为代表。克拉申认为,语言学习是在自然语境中习得的,而不是有意识的学习过程。语法课被认为是只能发展有关语法结构的陈述性知识,而不能提高正确使用语言的过程性知识[1]。而越来越多的学者却认识到,显性的语法知识教学必不可少,语法教学有利于提高外语习得的准确性[2]。施密特(Schmidt)提出的"注意"理论,有意识地注意语言形式对语言学习会产生积极的推动作用[3]。我国学者程棠认为,单一的句型训练有一定的局限性,语法知识的讲解同样是必要的[4]。

我们认为,语法教学可以提高学生的认知水平,进而对语法表达具有促进作用,所以语法教学是有必要的。在语法教学中,不仅应该教授句型知识,同时应该格外注意语法语用平面的知识。语用平面知识的教学可以帮助学生理解相似语法结构、意义相近语法结构的不同用法及其适用条件有何不同,有助于学习者选择合适的语法结构进行交际,地道、得体地进行表达。

(四)语法教学要重视语用平面的教学

1. 语法的使用条件

吕叔湘认为"太"有两个义项:一是"表示程度过头","多用于不如意的事情";二是"表示程度高"。邵敬敏认为,这样的解释基本没错,但是对外国学生来讲却基本上没有用处,因为没有指出最

---

[1] Stephen D. Krashen, "Second Language Acquisition and Second Language Learning", *Studies in Second Language Acquisition*, Vol. 5, No. 1, 1982, pp. 134-136.

[2] N. Hossein, S. Fotos, "Current Developments in Research on the Teaching of Grammar", *Annual Review of Applied Linguistics*, Vol. 24, 2004.

[3] R. W. Schmidt, "The Role of Consciousness in Second Language Learning", Applied Linguistics, Vol. 11, No. 2, 1990.

[4] 程棠:《对外汉语教学目的、原则、方法》,北京语言大学出版社 2008 年版,第 123 页。

为重要的"条件",即到底什么时候"表示程度过头"(贬义),什么时候"表示程度高"(褒义)①。

卢福波指出,语法教学有两种路径:第一种路径是从形式到意义,这种做法距离语法的实际使用功能、使用条件太远;第二种路径是从意义到形式,这种做法注重语法结构意义上的解释和使用条件的概括归纳,注重语法形式或表达式背后的动因分析②。

由此可以看出,语法的使用条件是应用时语法选择的动因,是语用平面非常重要的构成内容。备课时需要通过语料和语境,对语法的三个平面的本体知识,特别是使用条件进行深入细致的分析,然后才能设计出符合学习者学习目的和需求的教学模式。

2. 典型语境

在语法讲解、主题操练和任务活动时,我们也秉承在典型语境中进行设计的原则。因此,典型语境,也就是在哪些交际的场合、情境下会用目标语法点,也应该是语用平面的构成要素。

了解典型语境有助于我们更准确地理解和使用目标语法点,使语言更加贴合实际交流的需要。在不同的交际场合和情境下,人们会使用不同的语法结构和表达方式。因此,在学习目标语法点时,我们需要了解其在典型语境中的应用情况。

典型语境可以帮助学习者更好地掌握目标语法点,提高语言运用能力。

在教学过程中,教师应注重引导学生观察和分析实际语言交流中的典型语境,帮助他们更好地理解和运用目标语法点。同时,

---

① 邵敬敏、罗晓英:《语法本体研究与对外汉语语法教学》,《暨南大学华文学院学报》2005年第3期。

② 卢福波:《对外汉语教学语法的体系与方法问题》,《汉语学习》2002年第2期。

也可以通过模拟不同的交际场景和情境,让学生在实践中体验和学习语言的使用。这将有助于提高学生的语言水平和语用能力,使他们在实际交流中的语言表达更加流畅。

然而,事实上,我们尚未注意到语境的重要性。冯胜利指出,语法教学中,语境的问题长期没有得到重视,语境研究的是句型"在哪儿用"。语境教学可以解决学生语言习得脱离实际的问题,也可以解决教师对给定的句型"从何教起"的问题,即不知道"该句型应当怎么教","语言教学无从下手"的问题①。

因此,我们应该加强对语法的典型语境的概括,并将语法教学与典型语境有机地结合。

3. 语法的表达功能

谈到语法的"功能",不能不谈功能学派。这是语言学中的一个重要流派,它的主要观点是将语言看作一种社会现象,强调语言在社会交流中的功能。功能学派认为,语言不仅仅是一种符号系统,更是一种工具,用于满足人类在社会交往中的各种需求。

"功能"这个术语应用非常广泛,不同语境下有不同的含义和所指。程棠将该术语归纳为三种含义:第一种意思是指语法功能,也就是语言单位在上一层次结构中所承担的角色,比如主语、谓语、宾语等;第二种意思是指语言的社会功能,不同的学者有不同的分类标准,其中最重要的是交际功能,指的是语言作为交际工具在人类交际中是如何发挥作用的,把语言结构规则的讲授跟语言的社会功能结合起来;第三种意思是指语言行为,包括表述句、指令句、受约句、表情句、宣布句。每种语言行为又包括一些具体的行为,以表述句为例,其范例如作出断言、作出结论等。他还指出,

---

① 冯胜利:《三一语法:结构·功能·语境——初中级汉语语法点教学指南》,北京大学出版社2015年版,第5页。

第二语言教学所说的功能是指语言行为①。

　　语法是语言的基本规则,是语言这个交际工具的一部分,语法自然也具有交际功能。下面我们来考察汉语作为二语教学中的语法教学相关著作中对于"功能"这个术语的定义。

　　第一种,是指语言单位在上一级结构中的角色,如主语、谓语、宾语等。比如,卢福波在《汉语语法教学理论与方法》中谈到汉语时间名词的功能:汉语的时间名词和普通名词一样,可以充当主语、宾语、定语等②。

　　第二种,是指语言行为,如卢福波提到,主谓谓语句的表达功能是说明、评价和描写③。

　　第三种,是指结构的语体用途,如冯胜利提到,在中文的语法教学上,强调"结构功能观"的教学语法主张,认为每一结构均有功能,每种功能皆有结构。强调"结构的语体用途",亦即该句结构在汉语里是"干什么用的",这里的功能"不管结构,重在用途"④。以"把"字句为例,其功能为:一是表达物体的移位;二是表达行为引发的结果。

　　本书所指的语法功能是指语言行为和结构的语体用途这两类,我们认为这两类功能本质上都是表达句法结构在交际中的用途、目的,即"用这个结构想做什么"。

　　许多语法点在形式或者意义上可能相似,但在句法功能上却有所不同。通过对比这些语法点的句法功能,学生可以更准确地

---

① 程棠:《对外汉语教学目的、原则、方法》,北京语言大学出版社 2008 年版,第 183—187 页。
② 卢福波:《汉语语法教学理论与方法》,北京大学出版社 2010 年版,第 95 页。
③ 同上书,第 296 页。
④ 冯胜利:《三一语法:结构·功能·语境——初中级汉语语法点教学指南》,北京大学出版社 2015 年版,第 6 页。

辨别它们之间的差异,避免混淆。掌握了各种句法功能后,学生在表达自己的想法时,可以更加灵活地运用不同的句子结构,使表达更加清晰、准确。在教学中,教师应注重培养学生对句法功能的理解和应用能力。句法功能是区别形似语法点的核心和关键点,要通过大量的例句分析和练习,帮助学生逐步掌握这一重要的语言能力。

(五)语法教学需要在典型场景中开展

卢福波认为,从认知心理学和认知语法的角度看,表达一个内容时,总是要跟相应的概念场、结构场、语境场发生密切关系①。

语法学习包括两个方面——意义和形式。语法的意义决定了它的使用条件和语境,语法的形式主要体现在句子和短语的结构上。语法的教学,既要让学生明白它的意义、用法,还要让学生掌握它的形式、结构,以及使用的合适的语境。换句话说,学生在输入时要"懂",输出时要"对"。

输入时的"懂",不能仅靠课堂上教师的讲解。教师的讲解只是"懂"的第一步,在这个阶段,学生的理解往往停留在表面上,看起来可能是懂了,但常常是似懂非懂,理解还不够深刻。要想理解深刻,还需要在应用中通过语境的帮助继续加深理解。

输出时的"对",包括两个方面:一是结构、形式要准确无误;二是使用的语境和时机要恰当、得体。要达到使用时"对"的目标,出口、下笔时都准确无误,仅仅对结构和使用条件有理性的认识是难以实现的,必须在大量的应用中来达成这个目标。

在典型场景中开展语法教学,可以帮助学生更好地理解和运用语法知识。通过将语法知识与实际场景相结合,学生可以在实

---

① 卢福波:《对外汉语教学语法的体系与方法问题》,《汉语学习》2002年第2期。

践中学习和掌握语法规则,提高语言实际运用能力。教师应注重语境和语言功能,帮助学生理解语法规则在实际交际中的应用。

典型场景通常与学生日常生活和学习密切相关,能够引起学生的兴趣和关注。在这样的场景中学习语法,可以增强学生的学习动力,提高学习效果。语法教学需要根据学生的兴趣和需求,选择贴近学生生活的场景作为背景,如学校生活、家庭生活、社交场合等。在此基础上,设计交际性练习或者任务活动,让学生在开展练习和完成任务的过程中学习和运用语法知识。这样的任务可以是角色扮演、情景模拟等。

(六) 语法教学模式需要具有生成性

语法的学习,除了"懂"和"对",还有一个更高的目标,即"流利"。要想做到流利,仍然需要借助大量的应用。

"懂""对""流利"这三个学习目标,层层递进,要求不断提高,实现的条件都是"应用"。我们提倡在学生"自由应用"前,先要"有控制地应用",以确保输出时的准确性,并起到固化正确句型的作用;而不是让学生不加控制地随意说,以免造成语法错误的"化石化"现象。

生成性高的语法教学模式,可以为学习者提供大量的目标语法点的输出机会。语法的任务型教学法,虽然能给学习者提供机会大量输出目标语言,但是目标语法点的输出机会常常不足。大部分时候,在一个任务型活动的输出结果中,目标语法点的输出是非常少的。因此,单靠真实性任务操练目标语法点是不够的。

在我们所创建的语用为导向的语法教学模式中,在真实性任务开展之前,通过主题式操练和教学性任务这种教师引导和控制的课堂操练和活动形式,能够为学习者提供大量输出目标语法点的机会。

在课堂环境中,教学处在教师有意识地引导和控制之下,"教师为主导,学生为主体",教师应该发挥主观能动性,对课堂教学活动进行有意识的控制和引导,以达到更好的教学效果。"有控制的应用"是必要的,也是可以实现的。有控制的应用,通过教师对意义和用法的讲解以及结构的展示、在教师控制下的情境问答式的操练、在教师引导及监督下的应用这三个步骤来实现。

高质量的语法习得,既需要"有控制地练习",也需要"自由地应用",两者都很重要。语法课堂教学,应该模拟真实的交际情境设计活动,不仅可以为语法学习提供大量的操练机会,还可以让学生在使用目标语法进行交际的时候,自然地体会到该语法的使用条件。

语法教学需要选择典型场景开展教学,除了可以帮助学习者了解语境和适用条件之外,还可以提供大量输出目标语法点的机会,从而反复练习和巩固目标语法点。通过大量的实践练习,学生可以更好地掌握和运用目标语法点,提高他们的语言实际运用能力。同时,这种教学方式也可以增强学生的学习兴趣和动力,提高他们的参与度和学习效果。

第五章
语法任务型教学法

第一节 任务型教学法的发生和发展

一、任务型教学法的发生发展

任务型教学的研究始于 20 世纪 80 年代。当时,印度的普拉布(Prabhu)进行了一项强交际法的实验,主张让学生"在用中学",课堂教学活动以任务形式呈现。这一教学实验是把任务作为课堂设计单元的第一次尝试,并形成了任务型教学的雏形,引起了第二语言教学界的关注。随着研究的深入,任务型教学于 20 世纪 90 年代在理论上逐步成熟,20 世纪 90 年代后期被称为"任务的年代"。普拉布认为,任务是学生在教师的调控下,通过思维过程,根据所给信息得出结果的一种活动。他主张以任务大纲来代替传统的语言大纲;主张以表达内容为中心;认为在不进行显性的语言形式教学的情况下,在关注语言内容的过程中,学习者就可以内化语法系统;认为外语能力的发展并不需要系统的语言输入或大量有计划的练习,而只需要教师创设情境让学生参与交际活动①。

朗在确定教学任务时,强调需求分析的重要性,认为任务应与学习者将来的交际需求紧密相关,要模拟真实世界的任务。他还从第二语言学习理论出发,初步发展了互动理论,分析了任务型教学的合理性和可行性,并为在完成任务的过程中兼顾语言形式提出了理论依据②。

威莉斯(Willis)为教师在课堂中开展教学活动提供了操作层面上的指导,她在书中提到任务实施需要接触有意义且实用的语言,将注意力集中在语言形式上,有助于学习者更快地提高并持续提高③。

二、不同倾向的任务型教学形式

(一)聚焦意义的任务型教学

罗德·埃利斯(Rod Ellis)提出的"聚焦意义"是一种通过基于内容的教学或浸入式课程,强调附带和隐性语言学习的教学方法,学习者的注意力或多或少集中在意义上④。

聚焦意义教学的支持者认为,只要向学习者呈现足够多的可理解的二语输入,他们就能够像儿童习得母语那样习得二语。学

---

① N. S. Prabhu, *Second Language Pedagogy*, Oxford University Press, 1987, pp.77-92.
② M. H. Long, C. Crookes, "Units of Analysis in Syllabus Design: the Case for the Task", in *Tasks in a Pedagogical Context: Integrating Theory and Practice*, Multilingual Matters, 1993, pp.40-44.
③ J. Willis, *A Framework for Task-based Learning*, Longman, 1996, p.19.
④ Rod Ellis, "Focus on Form: Critical Review", *Language Teaching Reasearch*, Vol.20, No.3, 2016.

习者只要接触大量的目的语输入,语言知识便会自然习得。克拉申倡导的自然法便是这一理念的典型代表。在以意义为中心的教学中,意义的含义有三种:第一种含义是语义概念,即词汇含义或特定的语法结构。第二种含义涉及语用意义,即体现在交际中的上下文意义。教学应确保这两个层面含义的练习,但对语言学习者来说,语用意义是关键。第三种含义指的是语言表达的内容。

"任务"首先关注的是学生如何用语言沟通信息,进行有实质意义的交际,而不强调使用何种语言形式①。现在人们对语言学习有一个广泛的共识,即学习者需要机会参与基于信息交换的交流。让学习者参与各种任务,鼓励他们在交流出现问题时协商意义是必要的,可以确保他们获得足够的可理解输入,以获得语言能力。与此同时,越来越多的学者认识到,以意义为中心的教学无法使学习者达到较高水平的语法和社会语言能力,学习者的语言输出有很多表达错误。因此,对于语言形式的关注是必不可少的。

(二) 聚焦形式的任务型教学

关于"形式",经常被误解为仅仅指语法形式。事实上,"形式"可以指词汇(音系和正字法)、语法和语用语言学特征②。

斯克汉(Skehan)指出,如何在不削弱任务的交际性本质的情况下,对于形式加以关注,是近年来的一个兴趣焦点③。西方外语教学界在经历了 20 世纪 80 年代完全排除形式的"意义焦点"的交

---

① 罗钱军:《外语输出型教学与形式协商》,暨南大学出版社 2014 年版,第 190—191 页。
② Rod Ellis, "Focus on Form: Critical Review", *Language Teaching Reasearch*, Vol. 20, No. 3, 2016.
③ P. Skehan, Pauline Foster, *Cognition and Tasks, in Cognition and Second Language Instruction*, Cambridge University Press, 2001, p. 184.

际法教学之后,对于"形式焦点"的兴趣正与日俱增。

利塞洛特(Lieselotte)以形式为中心的教学研究主要集中在它对语法结构习得的有效性上①。帕克(Park)对比了形式任务和意义任务,认为以形式为中心的任务班提高了学生的语言成绩②。金(Kim)认为以形式为中心的教学方式对英语动词模式的附带学习有较好的效果③。利塞洛特指出,学习者的互动常常专注于意义或任务的完成,很少注意形式④。学习者很少把他们的注意力转移到语言形式或在同伴互动中对彼此纠正反馈。除非他们的老师专门训练他们这样做,或者任务的性质鼓励他们自动地注意形式,否则在同伴互动中很少会有对彼此语言形式的纠正反馈。

聚焦于形式对语言习得有着十分重要的意义。引导学习者在关注意义的前提下适时聚焦于形式有助于其中介语系统的发展;而完成交际任务的互动输出及协商反馈有助于聚焦于形式,进而有助于语言习得⑤。

希恩(Sheen)经过实验研究,发现关注形式在帮助学生学习和使用语法特征方面更有效⑥。埃利斯认为,"注重形式"是任务型

---

① L. Sippel, "Maximizing the Benefits of Peer Interaction: Form-focused Instruction and Peer Feedback Training", *Language Teaching Research*, 2014, Vol. 28, No. 2, 2021.
② Punahm Park, "Learner Attitude Towards a Form-focused Task and a Meaning-focused Task", *English 21*, 2007, pp.199-224.
③ Buja Kim, "Form-focused Instruction in Incidental Learning of English Verb Patterns", *English Language & Literature Teaching*, Vol.16, No.3, 2010.
④ L. Sippel,"Maximizing the Benefits of Peer Interaction: Form-focused Instruction and Peer Feedback Training", *Language Teaching Research*, Vol. 28, No. 2, 2021.
⑤ 赵雷:《任务型口语课上的聚焦于形——以任务型中级汉语口语教学为例》,《国际汉语教学研究》2016年第1期。
⑥ R. Sheen, "Focus on Forms as a Means of Improving Accurate Oral Production", *Investigations in Instructed Second Language Acquisition*, 2005, pp.271-310.

语言教学的核心理念。同时认为重要的是检查"注重形式"程序如何在两种方法中发生，以及它们对习得的影响①。埃利斯还认为，对形式的关注最好不被理解为一种方法，而是涉及不同种类的教学过程。也就是说，对形式的关注需要各种旨在吸引学习者在使用第二语言作为交流工具时对形式的注意技巧。相应，对形式的关注需要各种手段（如"练习"），旨在将学习者的注意力引导到具体的形式上，这些形式是作为对象来加以学习的。还有学者指出，第二语言教学法的基本问题不再是是否应该将语言形式包括在基于意义的教学中，而是如何以及何时能够最有效地实施形式导向型教学②。由此可见，这些学者都认为语言教学应该关注语言形式，肯定语言形式教学的重要性。

在对外汉语教学界，并没有出现纯粹"意义焦点"的所谓"强式"交际法教学，强调形式与意义的平衡，探索"结构、功能、文化相结合"的路子。然而，形式和意义孰轻孰重，两者究竟如何结合，仍然是一个十分值得研究、解决的问题③。另有学者认为，聚焦于形式是在脱离真实语境的环境下孤立地教授语法和词汇知识，学习者无法将在聚焦于形式下学到的语言知识娴熟得体地运用于交际④。

关于聚焦于形式，或者形式聚焦型任务，有下面几个值得注意的问题：(1)形式的所指是什么？是特指语法，还是语言的各种组

---

① Rod Ellis, "Focus on Form: Critical Review", *Language Teaching Reasearch*, Vol. 20, No. 3, 2016.

② J. F. Xu, C. Y Li, "Timing of Form-focused Instruction: Effects on EFL Learners' Grammar Learning", *Studies in Second Language Learning and Teaching*, 2022, Vol. 12, No. 3, pp. 405-433.

③ 吴中伟：《语言教学中形式与意义的平衡——任务教学法研究之二》，《对外汉语研究》2005年第00期。

④ 高越、郭涛：《在意义中聚焦形式：内涵、运用与评述》，《外国语文》2011年第1期。

成要素？是单指语法的结构形式,还是包括语法意义和语用条件？(2)聚焦于形式的教学模式是否一定是脱离语境的,是否无法与交际相结合？(3)形式导向型教学任务如何设计、实施？(4)形式导向型教学任务与意义导向型教学如何结合？

三、语法与任务型教学法的结合

二语教学法中一个持续的争议是是否应该教授语法。一方面,有些人采取"零立场"。他们认为,语法教学对二语能力的习得只有极小的影响。例如,克拉申认为,习得只发生在学习者接触到他们能够理解的经过粗略调整的输入时,而学习仅限于一些简单的可移植规则。另一方面,也有人认为,有些语法形式不能仅仅通过可理解的输入来获得,还需要正式的指导来确保学习者获得他们获取这些形式所需的数据。将语法教学与提供交流机会(涉及信息交换)结合起来是可能的。例如,桑德拉(Sandra)研究表明,语法任务鼓励了语法方面的交流,并使英语学习者增加了他们对困难的第二语言规则的认识①。

正式的教学应该指向确保学习者了解目标结构并能够使用它进行监控(即有意识地纠正自己的错误输出),而不是使他们能够在自由交流中使用该结构②。语法任务的目标是提高学习者对二语语法特性的意识。即使学习者达到了高水平的交际能力,单纯地暴露在丰富的二语输入中,也无法发展高水平的语法准确性和无错误地表达。

---

① S. Fotos, "Communicating about Grammar: A Task-Based Approach", *Tesol Quarterly*, Vol.25, No.4, 1991.
② Ibid.

让学习者在交际语境中练习语言形式的综合教学法在高度形式导向的汉语语境中也是必要的①。有学者指出,很少有研究探讨在实施形式关注时,什么样的方式能优化学习者的习得。这一批判性的调查试图找出适合于形式教学的方式,更重要的是,当决定应该选择什么方式来关注形式策略时,应该考虑什么因素。该研究进一步讨论了元语言在特定形式教学中的发展以及元语言在交际课堂中的作用②。

　　如前所述,形式不仅仅包含语法,还有语音、词汇,但是语法是形式的重要组成部分,语法教学在形式教学中占有举足轻重的地位。然而,语法与任务型教学法的结合,语法教学如何使用任务型教学法,语法交际任务如何设计、如何开展,才能有效地兼顾形式与意义,是任务型教学的一个重要研究议题。尽管任务型教学强调语言的实际运用,但语法作为语言结构的基石,其重要性不容忽视。在任务型教学中应该有效整合语法教学,不应孤立地教授语法,而应将其融入完成任务的过程中,使学生在自然的语言环境中理解和运用规则。

四、当前的任务型教学模式

　　当前任务型教学一般分为三个阶段:任务前阶段,包括介绍话题、激活语言、准备活动;任务中阶段,包括做任务、准备报告、报告任务结果;任务后阶段,包括进行语言练习活动、语言归纳总结。

---

① Y. L. Yang, R. Lyste, "Effects of Form-Focused Practice and Feedback on Chinese EFL Learners' Acquisition of Regular and Irregular Past Tense Forms", *Studies in Second Language Acquisition*, Vol. 32, No. 2, 2010.

② Jee Eun Lee, Jae Keun Lee, "Focus on Form: A Holistic Review of EFL Pedagogy", *Modern English Education*, Vol. 13, No. 3, 2012.

吴中伟建议任务型教学模式采用听说法的"3P"模式,即展示(presentation)、练习(practice)、表达(production)。展示阶段,教师突出展示某个特定的语言形式,学生在教师严格控制下说出该形式;练习阶段,教师放松控制,引导学生说出相应的语言形式;表达阶段,引导学生通过角色扮演、讨论等活动形式,在一定的语境中进行意义协商,要求使用相应的语言形式进行表达。但是,吴中伟也看到"3P"模式的缺陷,比如:偏重语言形式的灌输,可能导致语篇的虚假性,学生没有真正成为课堂教学的中心等①。

虽然任务型教学的理论模式已比较清晰,但是并未臻于完善。该领域中有争议的问题没有得到解决,这些问题也是我们在课程实施过程中面临的问题。例如:

其一,如何处理好任务型教学中准确度、流利度、复杂度的平衡,语言活动的过程与结果的平衡,语言教学中的语言形式与表达内容的平衡,仍然是需要不断探索的问题。

其二,当前的任务型教学模式是单一任务型教学模式,其功能相对来说不够强大,难以承载兼顾形式和意义的重任。

目前,对任务型教学模式缺乏研究,教学模式过于简单,当前主要采用三段式,即任务前、任务中、任务后三个阶段,教学模式不精细、概念化,采用大而化之的框架,缺乏规划,细节落实不到位,从"教"到"用"缺乏桥梁,导致任务执行过程中输出错误多,课堂活动起到的作用更多是活跃课堂气氛,而达不到促进语言交际能力和综合运用能力提高的目的。"任务"和"活动"往往成为形式、花架子,热热闹闹地玩了玩,从教师的"教"到学生的"用"缺乏扎实的过渡、铺垫。"用"之前的训练不科学、不充分,导致整个教学模式不"立体",不"充实","支撑力"不够。当前,任务型

---

① 吴中伟、郭鹏:《对外汉语任务型教学》,北京大学出版社 2009 年版,第 148 页。

教学结构不完整、不科学、不清晰,宏观、中观、微观各个层次不清晰,每一步的作用和操作方法尚缺乏研究。

此外,任务型教学法和听说法的 3P 模式有何区别,如何突出任务的特点,每个步骤具体应该采用哪些方式,每个步骤的作用和要到达的教学目标是什么,对于这些问题,尚缺乏系统、深入的研究。

第二节　语法任务型教学法

一、语法教学采用任务型教学法的必要性

(一) 任务型教学是一种重要的二语教学模式

埃利斯指出:"任务,在当前第二语言习得研究和语言教学法中占有中心地位。"[1]

任务型教学是以学习者为中心的教学模式,注重培养学习者运用语言进行交际的能力,学习者可以通过完成各种任务提高交际能力。任务型教学法与"语言是交流的工具"这一性质完全吻合,因而在二语教学中被广泛使用,呈现出强大的生命力。

任务型教学体现了"在做中学""在用中学"的理念,让学生在语言课堂上使用目的语进行交际,用这种语言去做事,去完成一项"工作任务"。这种教学方法从最初萌芽到现在已经经历了三十多

---

[1] Rod Ellis, *Tasked-based Language Learning and Teaching*, Oxford University Press, 2003, p.1.

年的时间,至今仍在二语课堂教学中被广泛使用。在国际中文教育领域,《高等学校外国留学生汉语教学大纲(短期强化)》(2002)中的附件"汉语交际任务项目表",其设计就是一种任务型大纲。《国际汉语教学通用课程大纲》(2014)有专门的模块对任务型语言教学模式的结构流程、环节目标、活动形式、教学原则进行介绍,提供了一些汉语教学任务的建议。《国际汉语教师证书考试大纲解析》(2015)规定,国际汉语教师要具备设计课堂教学任务与组织教学活动的能力。马箭飞认为任务型教学法是一种更为有效的语言学习方法,使用这种方法教学,可以在课堂学习中进行真正涉及交际的活动,提高学习效率①。以任务为基础的教学形式对刺激学生学习的积极性、增加学习的趣味性、提高课堂教学效率和加速学习过程有明显作用②。任务型口语教学的内容是学生需要的,方法是有效的,教学效果也是显著的③。

(二) 传统语法教学模式的局限性

在国内,总体上汉语课堂教学法并无多大改观,类似"3P"的传统教学模式依然占据主导地位④。根据笔者对国内中文作为二语教学的课堂观摩,这一点也得到了证实,教师讲解、学生听记的传统教学模式仍然是主流的教学模式。

在这种教学模式中,教师注重语言知识的传授,而学生在学习时普遍出现"认知超载"的现象。汉语课上要学、要练、要记的内容

---

① 马箭飞:《以"交际任务"为基础的汉语短期教学新模式》,《世界汉语教学》2000年第4期。
② 马箭飞:《任务式大纲与汉语交际任务》,《语言教学与研究》2002年第4期。
③ 赵雷:《任务型口语课上的聚焦于形——以任务型中级汉语口语教学为例》,《国际汉语教学研究》2016年第1期。
④ 吴勇毅:《汉语作为第二语言/外语教学法研究四十年之拾穗》,《国际汉语教育(中英文)》2018年第4期。

使这些学生不堪重负。要让更多的学生愿意学汉语、继续学汉语，就要有新的教学路子①。传统讲授式教学偏重于对语言知识的讲解、分析和练习，忽视交际表达内容，忽视交际能力的训练和思维的培养。知识是语言综合运用能力的一个重要组成部分，但不是唯一的部分，语言知识的学习为交际服务，是为了更好地交际。

传统讲授式课堂教学，课堂练习更多的是机械性练习或者带有交际性的互动问答练习，但这对于培养提高交际能力和训练思维是远远不够的。在当今知识爆炸的时代，知识更新换代的速度飞快，未来具有竞争力的人才应该是有良好思维水平的人才。后方法时代要重视学生在学习过程中的主体地位，突破既有的"方法"的束缚②。

二、任务型教学法存在的不足

有学者认为，任务型语言教学在推广过程中，其效果并不明显③。当前的任务型教学模式还存在很多值得研究的问题。教学模式关系全局，甚至直接关系到此种教学法运用的效果，决定了此种教学方法的成败。

（一）忽视语言形式教学

意义和形式无法兼顾是任务型教学模式一直被诟病的问题。笔者认为，任务型教学模式形式和意义不平衡的问题，有两个方面

---

① 印京华：《探寻美国汉语教学的新路：分进合击》，《世界汉语教学》2006 年第 1 期。
② 陈申、崔永华、郭春贵等：《后方法理论视野下的对外汉语教学研究——第 11 届对外汉语国际学术研讨会观点汇辑》，《世界汉语教学》2014 年第 4 期。
③ 颜榴红：《论任务型语言教学中语言形式和语言意义的平衡》，《江苏工业学院学报（社会科学版）》2008 年第 1 期。

的原因：

第一个方面在于，任务型教学设计的初衷就是改善讲授式教学模式"重形式、轻意义"的问题。任务型教学的设计者认为语言的意义也即表达内容是第一位的，从而造成注重语言内容而忽视语言形式，造成任务过程中的语言输出流利度高而准确率低的局面。

斯凯恩(Skehan)在给任务型教学中的任务下定义时强调了"语言意义是最重要的"[1]，这导致国内外一些英语教育者和学习者对任务型语言教学产生了片面认识，他们过分注重语言的运用，而低估了语言形式的重要性。在交际过程中，学生可能只会注重把自己所要表达的意义传达给对方而不会去考虑如何更好地组织语言以表达其意义，他们所使用的可能只是贫乏的单词、单一的句型，甚至表达时错误连篇，这样学生就无法更好地发展语言能力。

学者逐渐认识到，"任务中的问题不是语言问题，但需要用语言来解决；学习者使用语言的最终目的并不是语言本身，而是将它作为达到独立交际目的的一种方式来实现它的潜能"[2]。所以，语言形式和语言意义在任务型语言教学中应处于同等重要的位置，两者相互依赖，相互补充，缺一不可。

第二个方面在于，对形式和意义的本质认识不到位，且对形式和意义问题应该如何平衡缺乏科学的认识。

当前二语教学领域对任务型教学已经形成一个广泛的共识，即以意义为中心的教学无法使学习者达到较高水平的语法和社会语言能力，学习者的语言输出有很多表达错误。因此，对于语言形式的关注是必不可少的。

---

[1] P. A. Skehan, *Cognitive Approach to Language Learning*, Oxford University Press, 1998, p. 95.

[2] H. Widdowson, *Aspects of Language Teaching*, Oxford University Press, 1990, p. 173.

第五章 语法任务型教学法

很多任务型语言教学的倡导者认为应该重视语法教学,重视语言的准确性,但当前对于提高语法准确性的任务型教学模式尚缺乏深入研究,对形式和意义问题到底应该怎样解决尚不清晰。有学者认为,兼顾语言形式和意义,把语言的用法和用途融为一体,将有利于当前一些传统的英语教学模式的形成补充。此观点在国际中文教育领域同样适用。

也有学者认识到,语言形式对于语言表达质量的提高具有重要的意义,对这一问题采取了一些补救措施。威莉斯提出了任务实施需遵循的原则:要接触有意义且实用的语言,要使用语言,在任务环的某一点上要关注语言本身,在不同阶段关注语言的程度相应不同。她所设计的语言环节是在任务后的总结阶段,笔者认为,这种设计有两种劣势。首先,学生在使用语言进行交际的时候,运用的是一种无意注意,而无意注意的效果是要打折扣的。注意到输入当中的形式是习得的关键,只有被有意注意到的东西才能被吸收。其次,学生在任务前因为缺乏语言形式学习环节,所以在任务中所产生的大量偏误容易形成化石化的现象,任务后的纠正环节无法针对大量存在的语言偏误进行纠错。因此,语言形式的练习环节放在任务后阶段并不科学。

在以意义为中心的教学中,意义的含义有三个层面。第一层是语义概念,即词汇或特定的语法结构的含义。第二层涉及语用意义,即体现在交际中的上下文意义。教学应确保这两个层面含义的练习,但对语言学习者来说,语用意义是关键。罗钱军指出,交际双方是为了交际需要进行意义协商,当双方交际受阻时需要进行意义协商,意义协商是交际双方为了使对方明白交流内容而进行的探讨[①]。普拉布指出,任务型教学主张以表达内容为中心,

---

① 罗钱军:《外语输出型教学与"形式协商"》,暨南大学出版社2009年版,第209页。

认为在关注语言内容的过程中,学习者就可以内化语法系统;外语能力的发展并不需要系统的语言输入或大量有计划的练习,而只需要教师创设情境让学生参与交际活动[①]。从上述观点不难发现,他们把语言意义等同于表达内容。由此可以看出,"意"依次有两种概念,一是语言的意义,包括词汇意义、语法意义;二是语用意义;三是语言表达的内容。

任务型教学所强调的意义其实是特指表达内容。这是任务型语言教学关注语言意义而忽视语言形式的原因。

关于语言形式的认识,不仅仅是语言形式本身的问题,同时还是语言形式和语言意义的界限问题。关于"形式",经常被误解为仅仅指语法形式。例如,列斯洛特(Lieselotte)认为,以形式为中心的教学研究主要集中在它对语法结构习得的有效性上[②]。事实上,"形式"可以指词汇、语法和语用语言学特征。学习者的互动常常专注于意义或任务的完成,很少注意形式,学习者很少把他们的注意力转移到语言形式或在同伴互动中对彼此纠正反馈。除非他们的老师专门训练他们这样做,或者任务的性质鼓励他们自动地注意形式,否则在同伴互动中很少会有对彼此语言形式的纠正反馈。聚焦于形式对语言习得有着十分重要的意义,引导学习者在关注意义的前提下适时聚焦于形式,有助于其中介语系统的发展。从这些论述中我们可以发现,一些学者认为,任务型教学不注重语言形式的练习,因此造成了大量中介语偏误。从这些表述可以看出,这些学者把语言形式偏误等同于语言偏误。由此可见,语言形式问题不仅指语法问题,还应该包括词汇、语用等问题。

[①] 吴中伟、郭鹏:《对外汉语任务型教学》,北京大学出版社2009年版,第1—2页。
[②] Sippel Lieselotte, "The Effects of Peer Interaction, Form-Focused Instruction, and Peer Corrective Feedback on the Acquisition of Grammar and Vocabulary in L2 German", The Pennsylvania State University, 2017.

根据文献分析,笔者认为,任务型教学模式所言的意义特指交际表达内容;而形式则是指词汇、句法、语用等语言组成要素。

(二) 任务模式比较单一

当前的任务型教学模式,最常见的是三段式,即任务前、任务中、任务后三个阶段①,然而各家所用术语和三段式的模式都稍有不同。斯坎(Sikan)和埃利斯等都把任务型课堂教学分为三个部分,即"任务前","任务中"和"任务后"阶段②。三个阶段分别完成三个不同的任务,没有语言学习和练习的步骤;威莉斯主张的三个阶段分别为任务前、任务环、语言焦点练习③,她认识到缺乏语言学习和练习阶段所造成的形式偏误多的问题,因此在任务完成后增加了一个语言练习的环节。

以上三段式任务虽略有不同,但核心阶段都是第二段,即任务中阶段。另外,三段式任务型教学模式对语言知识教学相对来说不够重视。几种三段式教学模式中只有威莉斯的三段式在任务后阶段才对语言略加关注,其他两种三段式则没有语言学习和练习环节。由此可见,传统的任务型教学模式对于语言知识的关注度相对来说是比较低的。

"3P"模式整体呈现出重视宏观、忽视中观和微观的研究倾向。另外,其操作方法单一,缺乏与其他方法的融合。任务型教学的理论模式应该是一种多元化的态势,针对不同的教学环境、教学对

---

① 吴中伟:《任务型教学的几个基本问题》,《辽宁师范大学学报(社会科学版)》2018年第4期。
② 龚亚夫、罗少茜:《任务型语言教学》,人民教育出版社2006年版,第209页。
③ J. Willis, *A Flexible Framework for Task-Based Language Learning: Challenge and Change in Language Teaching*, Macmillan Publishers Limited, 1996, pp.52-62.

象，在不同的步骤，对任务型教学模式的应用研究应该走向多角度、多层面。任务型教学模式重意义、轻形式，流利度高而准确度低的局面，一定程度上是教学模式设计不够合理的原因。

同时，单一的任务只能成为传统讲授型课堂教学的一个环节，在促进学习者语言综合运用能力的获得方面显得力量比较单薄。因此，有必要深化、细化任务型教学模式，使任务型教学模式更加丰富，适应范围更广，更能全面提高语言综合运用能力。

（三）缺乏问题导向意识

良好的思维品质的核心是解决问题的能力，而解决问题的本质则是在疑惑中进行学习的能力。

问题驱动的教学模式，有利于学习者识别问题，提高解决问题的能力。解决问题是学习的一项重要目标，也是学习者应该获得的一项重要能力。问题驱动的教学模式，以问题作为学习的起点，以问题为核心规划学习内容，带着问题不断地去探索，在设定问题上不断探索寻求解决问题的方案，以提高学习者围绕问题运用中文去思考和解决问题的能力，继而提高语言知识水平或者语言交际能力。

问题驱动模式侧重于培养学生的问题识别与解决能力。解决问题是个人、集体、社会生活中一个重要的、不可或缺的组成部分。为此，在教学中培养学生的问题解决能力，成为教育的一个主要目标。

三、任务型教学法的改革

（一）加强任务前的语言分析

在语言分析阶段，教师引导学生有意识地关注在完成任务的过程中所接触到的材料中的有关语言现象，在观察和探究的基础上，教师加以适当的归纳总结。吴中伟提到，一种语言的语法体系的习得，依然是语言学习的重要环节。语法是获得语言运用创造性的手段，缺乏语法知识会严重影响交际能力。意念大纲必须像语法大纲那样保证语法体系适当地为学生所掌握①。这也表明，在任务型语言教学中进行明确的语法教学是有价值的。

语言分析通常在任务实施前开展，还有一种做法是在任务实施后开展。把语言分析阶段放在任务汇报之后开展的好处是，通过任务汇报，可以发现学生存在的问题；缺点在于学生对于语言知识的认识不够深刻，使用也不够熟练。因此我们认为，语言分析阶段可以在开展任务之前实施。

(二) 加强任务前的语法操练

吴中伟、郭鹏认为，在基于任务的教学中，应同时关注语言形式和表达内容，并保持二者的平衡②。然而，具体怎么操作才能使二者保持平衡，他们并未给出明确的方案。

任务式教学法在提供给学习者更多交际机会的同时，也造成一种现象：学习者为了完成任务，有可能过于关注任务的结果，而忽视语言结构形式的正确性；学习者大量使用简单的、支离破碎的语言，甚至回避语言的使用，而使用体态语等手段来代替。这对于语言习得并无积极作用。如何处理好任务型教学中的准确度、流利度、复杂度的平衡，语言复杂度与得体性的平衡，语言活动的过程与结果的平衡，语言教学中的语言形式与表达内容的平衡，是需要特别关注的问题。任务的设计和编排应重视语言形式与交际内容的平衡，使学生在有意义的交际活动中仍保持对语言形式的注

---

① 吴中伟、郭鹏：《对外汉语任务型教学》，北京大学出版社 2009 年版，第 26 页。
② 同上书，第 31 页。

意,从而有计划地促进学生语言运用能力的发展。

主题式操练促进形式和意义的结合。主题式教学法,源于 CBI(Content-Based Instruction)教学理念。这种理念将语言教学基于某个学科教学或基于某种主题教学来进行,是基于学科内容进行外语教学的一种理念①。CBI 教学理念把学习语言和学习学科知识结合起来,起源于沉浸式教学,从教学语言本身转变到通过学习学科知识来获得目标语言能力。

二语教学中,吸取基于某种主题进行教学的理念,将主题式教学理念用于课程设计,教学活动各个环节都扣住同一个主题开展。相应地,教材也按照此种方式进行编写,每个单元都扣住一个主题编写教学内容。

应惠兰等提出"以学生为中心的主题教学模式"的概念②,主张课堂教学从准备活动到课堂听、说、读、写各个环节都扣住同一个主题开展。王惠昭主张用主题式教学理念设计教材,每个单元有一个主题,所有活动都围绕这个主题展开③。

主题式教学理念也可以应用于语法教学中,用贴近学生生活和认知的大、小主题来组织课堂教学。

主题式教学方法相较于传统的语法操练方式,具有情境的典型性、高度的生成性优势,可以完美地与任务型教学方法相匹配,弥补任务型教学中形式和意义相脱节的问题,为任务的开展搭建"脚手架",有效促进语法知识理解能力和应用能力的提升。

---

① 戴庆宁、吕晔:《CBI 教学理念及其教学模式》,《国外外语教学》2004 年第 4 期。
② 应惠兰、何莲珍、周颂波:《大学公共英语教学改革——以学生为中心的主题教学模式》,《外语教学与研究》1998 年第 4 期。
③ 王惠昭:《以学生为中心的主题教学模式与交际能力培养》,《外语与外语教学》2001 年第 4 期。

传统课堂教学中,常常采用举例的方式进行操练,不断切换场景,跳跃性很强。其实,每个例子都可能与一个主题相关联,而这个主题恰好就是可以大量使用某个目标语法点进行交际的典型场景。在教学中,应当挖掘这些典型场景,找到合适的话题和切入点,在主题下进行大量输出,既帮助学生熟悉目标语法点的典型使用场景,也帮助学生通过大量情境操练,巩固目标语法点的形式,深化对目标语法点意义和应用条件的理解。

(三)问题驱动和能力导向相统一的任务型教学模式

任务型教学模式的应用中,一个很大的缺陷在于缺乏问题意识,任务的目标不清晰、不具体,常常是大而化之的。任务的设计单纯为交际而交际,而对交际过程中要解决什么问题、达到什么目标认识不清晰。任务型教学活动在课堂中的作用,更像是教学理念转变的一个形式化的表现。任务型教育模式为了提高交际能力而引入教学环节,但是由于问题不明确、目标不清晰,而难以有效地达到提高交际能力的目标。任务型教学模式的确会增加交际机会,也会提高交际能力,但是在问题不明确、目标不清晰的条件下实施任务型教学,其效果必然大打折扣。

若想提高使用效果,首要的是对存在的各种主要问题有清晰的把握,既要清楚任务型教学模式存在的固有的问题,也要清楚学习者在语言学习中存在的主要问题,同时还要根据所处的语言环境、所学习的语言内容找出问题。明确问题之后,带着问题设计任务型教学活动。活动的目的就在于解决问题,问题解决了,能力自然会提高。

问题导向的教学是实现以问题为导向、以学生为中心、以实践能力为目标的教育理想的有效途径,问题是推进学生探究和学习过程的动力①。

　　问题导向的教学模式以学生为中心、以问题为中心驱动学习，强调创设基于真实情境的问题情境并引导学生进行学习。在学习过程中，教师起引导者、资源提供者的作用，也即教师为学习者提供相关的学习资源，让学生自主完成对问题的探究。整个探究过程是在各种认知工具、交流/协作工具及社会情境的支持下，学生进行相互协作、交流的过程，也是师生合作、沟通的过程。学生把新收集到的信息与原有信息进行整合，找到相互的内在联系、归纳其规律，进行意义建构，建立新的知识网络②。因此，问题驱动教学模式也是基于建构主义理念的教学模式，与任务型教学模式的教学理念非常契合。

　　乔姆斯基认为，语言能力就是指获得了某种具体语言、知道该语言的知识的心智状态，或者更直接地说，语言能力就等同于语言知识。语言能力导向的研究的关注焦点为语言知识。"语言能力"也指实际运用语言的能力。语言的实际运用能力不完全由语言知识决定。能力的提高并不意味着一个人关于母语的语法、词汇、语音方法的知识有所增长③。

　　传统的任务型语言教学侧重于语言交际能力的培养；能力导向的任务型语言教学不仅注重交际能力的培养，同时还聚焦于语言知识的掌握，注重培养学习者的语言能力和语言运用能力，包括交际能力、思维能力和共情能力等。

　　因此，问题驱动的任务型教学模式和能力导向的任务型教学模式具有统一性，语言问题、语言教学问题、教学模式设计的问题

---

① 丁晓蔚：《"基于问题的学习"教育价值之我见》，《现代教育科学》2010 年第 11 期。
② 文燕平、秦国杰：《PBL 的理论与实践》，中国科学技术出版社 2007 年版，第 63 页。
③ 刘小涛：《语言能力和语言知识》，上海大学出版社 2018 年版，第 12 页。

制约着语言能力、语言运用能力和语言交际能力的发展。相应地,这些问题解决了,语言能力、语言运用能力和语言交际能力也会随之提高。

语法教学的目的是提高对语法知识的理解和应用能力。语法学习存在的主要问题在于对于语用平面不了解,从而导致交际中不知如何选择和使用目标语法点。所以,在语法教学中,应该提高语用平面的教学地位,重视语用平面教学。

(四) 教学性任务和真实性任务相结合的任务模式

任务型教学模式应该而且可以承担多种任务类型,体现多种任务功能。单一的任务型教学模式难以满足多功能训练的需求,任务型教学模式改革的其中一个目的应该是丰富其功能。

教学性任务的主要目的在于语言形式的练习。通过教学设计对任务过程进行控制,使学习者在语法框架的辅助下操作任务。教学任务主要是在课堂中进行的,特点是模拟真实的交际情境进行交流、沟通,完成任务。这种任务通常在教师的任务框架下完成,有明确的语法运用要求和任务的执行要求。学生在特定的情境下大量运用目标语法点进行交际,完成任务,进一步巩固语法点的形式、意义和使用条件的理解与掌握,为真实性任务活动打下坚实的基础。

真实性任务的主要目标包括两个方面:一方面是在教学性任务的基础上,提供真实的交际情境,提高学习者自然真实地运用目标语言点进行交际的能力,促进语言形式的巩固和掌握;另一方面是提高交际表达能力、思维能力和文化共情能力。学习者在真实的交际环境中,有意识或无意识地使用目标语法点进行交际。真实性任务通常由学生在课堂之外的真实环境中完成,教师没有或者很少控制,但通常有一定的任务要求,要回归语言的功能目标。

学生根据任务要求,在真实的情境中自由地完成任务,自然地达到语言的功能目标。

从语言情境操练到教学性任务,再到真实性任务,层层铺垫,层层递进,可以提高语法运用的准确度、流利度,逐渐实现掌握语言功能的交际目标。

若想有效解决形式和意义之间不平衡的矛盾,关键在于改变任务型教学模式,以及语言形式练习的形式,要突出语法的使用条件。实施任务前应该突出强调语言形式的练习,并且主要精力和突破点应该重点放在语法使用条件的理解和把握上。至于句法结构的掌握,则是任务型教学之"形式"(语言问题)的"形式"(结构),可以在练习中自然地习得和掌握。语法教学的难点和重点就是语法的使用条件,也就是语法的"语用的"语用平面,在教学中应该抓住语用这一核心。在教学中,应重视培养学习者的语用意识,即在不同语境下选择合适的语言形式提升交际的能力。

第六章
以语用为导向的语法教学模式

第一节 语用平面范畴的探索

长期以来,语法教学中存在对语用平面重视不足的问题,从而导致较多偏误产生。这一问题的产生,一方面在于教师对语法语用平面的教学意识比较淡薄,另一方面也在于学界对语用平面的范畴,包括其内涵和外延的认识还不够清晰。学界对于语用平面应该研究的具体问题以及教学中应当关注的核心点,长期以来缺乏明确的共识和深入的探讨。这种现状不仅限制了语用平面研究的深度与广度,也影响了实际教学的效果。因此,要想提高语法的应用能力,应该树立以语用为导向的问题意识。

在国际中文教学中,应结合外语学习者的表达需求和外语教学的目的,对语用平面的内涵和外延进行深入探索。

在长期的教学实践中,通过教学观察以及语料分析,我们认为,"语法的使用条件""语法的典型使用场景"和"语法的表达功能"是语用平面三个重要的组成要素,对于掌握语法的应用、提高学习者的应用能力具有重要的意义。

一、语用平面构成要素一——语法使用条件

(一)语法使用条件的内涵

语法的使用条件揭示了语法结构在什么情况下能够使用,需要满足哪些条件才能使用某个语法点进行交际。一个语法点的使用条件通常包括几个要素,具备这些条件的情况下,通常就可以使用该语法点进行交际。

(二)语法使用条件的重要性

能否把握语法的使用条件,让二语学习者知道在什么条件下应该使用什么语法点,是语法教学的一个重要任务。把握语法的使用条件,恰恰是语法习得的一个难点,很多语法偏误是由把握不好语法点的使用条件造成的。常常有学生产生这样的困惑,"这个语法什么时候用","这个语法和那个语法之间有什么不同","什么时候用这个语法,什么时候用那个语法",等等。更为常见的问题是,在表达的时候不假思索地用自己熟悉的表达方式随意进行,因此常常会出现"该用某个语法点不用,不该用的时候却用了"的问题①。

(三)语法使用条件的分析方法

语法的使用条件是应用时选择恰当语法点的依据,是语用平面非常重要的构成内容。需要根据语义,通过语料和语境,把每个

---

① 王燕飞:《论语外偏误与语内偏误——以"把"字句为例》,《语言文字应用》2014年第1期。

条件都一条条地分析清楚,然后才能设计出符合学习者学习目的和需求的教学内容。

语法的使用条件涉及语言在特定语境下的适用性和合理性。在不同的交际场合、情境和语境下,语法的使用会有所不同,特别是对于有相似意义和结构的语法点,使用条件的分析具有重要意义。

语法不仅要教外在的结构,更要教内在的意义规则,这些意义的规则决定了外在搭配。语法的语义和语用平面是相关的,语义是语法意义,是语法要表达什么;而语用则是意义所包含的各项规则,这些规则组成意义,也受意义统领和制约。就像一个结构:意义是核心组织;语用则是围绕核心组织的各个部门;用法规则是更外在的部门,是语用的具体体现。

二、语用平面构成要素二——典型使用场景

1. 典型使用场景的内涵

典型语境要考察的是在什么场合、什么语境中用某个语法点。语境研究的是句型"在哪儿用"。在语法讲解、主题操练和任务活动时,我们要秉承在典型语境中进行设计的原则。因此,典型语境,也就是在哪些交际的场合、情境下会用目标语法点,也应该是语用平面的构成要素。

语境教学可以解决学生语言习得脱离实际的问题,也可以解决教师对给定的句型"从何教起"的问题,即不知道"该句型应当怎么教","语言教学无从下手"的问题[①]。

2. 典型使用场景的重要性

在典型场景中开展语法教学,可以帮助学生更好地理解和

---

① 冯胜利:《三一语法:结构·功能·语境》,北京大学出版社2015年版,第5页。

运用语法知识。通过将语法知识与实际场景相结合,学生可以在实践中学习和掌握语法规则,提高语言实际运用能力。教师应注重语境和语言功能,帮助学生理解语法规则在实际交际中的应用。

对于学生来说,典型场景通常与学生日常生活和学习密切相关,能够引起学生的兴趣和关注。在这样的场景中学习语法,可以增强学生的学习动力,提高学习效果。典型语境教学需要根据学生的兴趣和需求,选择贴近学生生活的场景作为语法教学的背景,如学校生活、家庭生活、社交场合等。

对于教师来说,教师可以根据典型使用场景,发现合适的主题,从而设计主题式操练和交际任务。通过交际性练习或者任务活动,让学生在开展练习和完成任务的过程中学习和运用语法知识。

了解典型语境有助于我们更准确地理解和使用目标语法点,使语言更加贴合实际交流的需要。在不同的交际场合和情境下,人们会使用不同的语法结构和表达方式。因此,在学习目标语法点时,我们需要了解其在典型语境中的应用情况。了解典型语境可以帮助学习者更好地掌握目标语法点,提高语言运用能力。

在教学过程中,教师应注重引导学生观察和分析实际语言交流中的典型语境,帮助他们更好地理解和运用目标语法点。同时,也可以通过模拟不同的交际场景和情境,让学生在实践中体验和学习语言的使用。这将有助于提高学生的语言水平和语用能力,使他们在实际交流中语言表达更加流畅。

3. 典型使用场景的分析方法

第一种办法是从语料考察中进行总结。语料中通常含有典型使用场景的线索,对语料按照使用场景进行归类,总结语料在使用场景上的共性,是发现语法的典型使用场景的一种手段。因此,可以通过考察大量的语料以总结语法的典型使用场景。这种方法不仅有助于揭示语言在不同情境下的运用模式,还能深入理解语法结构的语境依赖性和功能多样性。收集来自不同领域、文体和风格的语料,确保样本的多样性和代表性。可以根据语料内容,初步定义一系列可能的使用场景,根据定义好的场景,对语料进行初步分类,将相似场景的语料归为一组。对每个场景下的语料进行深入分析,关注其中的语法结构特征,识别各场景下常见的语法现象和句型模式,记录其出现的频率和语境。将总结出的语法使用场景共性特征应用于新的语料,进行验证。根据验证结果调整和完善场景分类和共性特征总结,确保其准确性和普适性。根据实际应用需求,进一步扩展和完善语法使用场景的分类和描述。通过这种方法,我们可以更系统地了解语法在不同使用场景下的具体表现和功能,为语言研究和实践提供有力支持。

第二种办法是根据生活经验。例如,当我们需要确认某个事件或物品的具体信息时,如购买日期、原材料、购买人等,往往会使用"是……的"句型来强调这些信息点。这种句型有助于清晰地表达我们对某个事实的确认过程,使听者或读者能够准确理解我们所依据的信息来源。然后我们就可以拓展到其他使用场景,比如工作汇报这个场景,在汇报工作进展时,我们可能会用到"是……的"句型来强调某项任务的完成情况、参与人员、所用时间等信息。比如,法律陈述场景,在法律文书中,这种句型常用于精确描述案件事实、证据来源、法律依据等,以增强陈述的权威性和说服力;学术交流场景,在学术论文中,作者亦可能会用"是……的"句型。

第三种办法是"反向原则"考察法。这种方法通过从具体的句子出发,逆向追溯其表达目的和背后的动机,从而揭示出语法结构在特定语境中的典型应用。通过分析含有目标语法点的句子,发现句子包含的直接信息和隐含动机,进而反向追溯表达目的。例如,"这件衣服是从哪里买的",第一层目的是询问购买地点,这是直接目的;第二层目的是基于喜爱这件衣服,想要获取更多关于它的信息以便自己购买,此为间接目的。在此基础上,我们可以总结"是……的"句型的典型使用语境:当我们遇到喜欢的东西时,不仅会欣赏它的外观或性能,还会产生进一步了解并可能拥有的愿望。这种情境下,我们往往会通过提问来获取相关信息,如购买地点、价格、品牌等。进而我们可以对典型使用场景进行拓展,比如,在购物时,看到心仪的商品,询问店员或朋友其来源或购买方式;在社交媒体上看到别人分享的美食、旅行地点等,询问具体信息以便自己尝试或前往。然后总结该语法结构的典型应用场景,即"是……的"句型常常用于表达或询问关于某事物来源、属性或行为方式的具体信息。

值得注意的是,虽然不同语言的语法结构有所不同,但人们在表达类似情感和需求时往往采用相似的策略。因此,在考察其他语言的语法使用场景时,也可以借鉴这种方法,从具体句子出发,逆向追溯其表达目的和语境特征。通过"反向原则"考察法,我们可以更深入地理解语法结构在特定语境中的典型应用,并揭示出隐藏在其背后的动机和情感。

三、语用平面构成要素三——语法的表达功能

(一) 语法表达功能的内涵

表达功能是要解决为什么要用这个语法点的问题,以及是干

什么用的①。两个相似语义的语法点,如果都能表达某种相似的信息,使用时选择、取舍是由"功能",也就是"作用"决定的。语言中存在相似的语法结构,那一定是因为有不同用途,这是语法结构产生、存在的价值和意义。

语法是语言的基本规则,是语言这个交际工具的一部分,语法自然也具有交际功能。现在我们来考察汉语作为二语教学的语法教学相关著作中,对于"功能"这个术语的定义。

语言"功能"有多层含义:一是指语言单位在上一级结构中的角色,如主语、谓语、宾语等;二是指语言行为,如主谓谓语句的表达功能是说明、评价和描写;三是指结构的语体用途,如在中文的语法教学上,强调"结构功能观"的教学语法主张,每一结构均有功能,每种功能皆有结构。强调"结构的语体用途",亦即该句结构在汉语里是"干什么用的",这里的功能"不管结构,重在用途"。

本书所指的语法功能是指语言行为和结构的语体用途这两类,我们认为这两类功能本质上都是表达句法结构在交际中的用途、目的,即"用这个结构想做什么"。

(二) 语法表达功能的重要性

许多语法点在形式或者意义上可能相似,但在句法功能上却有所不同。语言中存在大量看似相似实则功能各异的语法结构,通过明确其句法功能,学生可以准确区分这些细微差别,避免在写作或口语交流中出现混淆。了解语法的表达功能,也可以增强语言表达的灵活性。掌握不同句法功能的运用,能够使学生在表达思想时拥有更多样化的选择。他们能够根据不同的语境、语气和

---

① 冯胜利:《三一语法:结构·功能·语境——初中级汉语语法点教学指南》,北京大学出版社 2015 年版,第 2 页。

表达需要，灵活构建句子结构，使语言更加生动、丰富。通过区分不同语法点的表达功能，还可以提升学生的语言理解力。理解句法功能有助于读者或听者更准确地解析复杂的句子结构，把握作者的意图和语境中的微妙差别，从而提升整体的语言理解水平。

通过对比相似语法点的句法功能，学生可以更准确地辨别它们之间的差异，避免混淆。掌握了各种句法功能后，学生在表达自己的想法时，可以更加灵活地运用不同的句子结构，使表达更加清晰、准确。句法功能是区别形似语法点的核心和关键点，在教学中，教师应注重培养学生对句法功能的理解和应用能力，还要通过大量的例句分析和练习，帮助学生逐步掌握这一重要的语言能力。

（三）语法表达功能的分析方法

第一种方法是理论讲解与实例分析相结合。教师应在讲解语法规则时，配合大量具体的例句进行分析，让学生直观感受不同句法功能的实际运用。通过对比相似语法点的例句，帮助学生明确其区别。

第二种方法是强化练习与反馈。教师设计多样化的练习题，让学生在实践中巩固所学。同时，教师应及时给予反馈，指出学生的错误并解释原因，帮助他们纠正理解偏差。

第三种方法是情境模拟与实际应用。教师通过创设贴近生活的语言情境，让学生在模拟对话、写作练习等活动中运用所学语法知识，激发学生的学习兴趣，提高他们在实际交流中的语法应用能力。

第四种方法是采用启发式教学。教师在教学中多问为什么，促进学生对语法表达功能的深度理解。鼓励学生不能仅被动接受知识，更要主动探索、质疑并理解其背后的逻辑和原理。在教学中，教师要提出开放性问题，如"为什么这个句子使用了这种时态？"或"这个介词短语在这里起到了什么作用？"等，鼓励学生超越表面的语法规则，思考其背后的原因和目的。通过递进式提问，从简单到复杂，逐步深入地提出问题。也可以通过对比分析，展示相似但功能不同的语法结构，引导学生对比分析它们的差异和适用场景，讨论它们在表达经历和结果时的不同侧重点。通过例句对比，让学生找出不同语法点之间的细微差别，并解释这些差别如何影响句子的意义和表达效果。

第二节 以语用为导向的语法教学模式构建

语法教学需要改变传统的教师主导的教学模式，提高学生在课堂教学中的参与度，给予学生更多的练习机会。语法教学不能忽视语法知识的讲解，要重视使用条件的挖掘，在典型场景中开展，典型场景的优势在于具有更高的生成性。为了实现这个教学目标，我们运用了以下教学模式：三平面讲解、主题式操练和任务型教学。

一、三平面讲解

（一）句法和语义教学

在句法讲解环节，除了采用常用的句法教学（包括公式法、图示法等），构式语块也是一个很好的句法教学方法。

采用公式法展示句法结构，以直接阐释的方式讲解语义，这样处理起来,虽然公式法简洁明了,但是会造成句法和语义之间缺乏有机的联系。在句式学习方面,需要记忆的公式组成元素较多,去记忆一个个字母或术语,也会增加记忆负担,导致结构公式记忆不牢,难以从记忆中直接提取。在语义学习方面,学生被动接受,不能主动总结,容易影响认知结果。

这种方法导致句法与语义之间缺乏一个接口和桥梁,而构式语块恰恰可以将句法和语义结合起来,使之产生有机的联系。构式语块可以起到帮助学习者理解语义的作用,调动学习者的积极性主动性,使其自然地总结目标语法点的意义,从而实现从句法到语义平面的过渡。

在教学中,我们观察到,通过学习和掌握构式语块,学习者可以更加深入地理解语言的内在规律和表达方式。构式语块的学习需要学习者积极参与和总结。通过分析和归纳构式语块的意义,学习者可以更轻松地掌握语法的结构规律,并自然地总结出目标语法点的意义。这种主动性的学习过程有助于培养学习者的自主学习能力和探索精神。此外,构式语块相比公式法来说,能够简化结构的构成要素,起到促进记忆的作用。

(二)语用平面教学

通过对语义的分析,结合语料分析,也根据语法在交际中使用的思考,我们将以下三个方面定为语用平面的教学内容:一是提炼"语法的使用条件",在该部分提炼总结语法使用条件的构成要素;二是总结"典型使用场合",帮助学生熟悉常用的生活场景,构建知识学习与生活的链接;三是归纳"语法使用功能",让学生明白目标语法点的作用是什么,从而更好地帮助他们区分相似语法点,避免混淆。

1. 语用平面的构成要素

以"是……的"句型语法点为例,其语用平面内容如下:

(1) 使用条件

有一件事情发生,因此句子中一般要有动词。

这件事是过去的、已经发生的。

想进一步说明或者了解此事的时间、地点、方式、工具、目的、人物等信息。

(2) 典型场景

回忆某次旅行的信息。

清理东西,比如清理冰箱、整理衣柜时,回忆这些东西的信息。

询问别人用的、买的好物品的信息时。

购买物品时,看说明书,了解配料、生产时间等。

(3) 使用功能

提示、突出过去发生的某件事的相关信息。

有区别信息的作用。

比如:这件衣服是上个月买的。

这个句子告诉我们买这件衣服的时间是上个月,不是这个月,也不是两个月前。

2. 语用平面教学技巧

(1) 启发式教学

在教学中,我们观察到,如果把语用知识直接讲给学生,虽然在讲解中也会配合一定的例句和情境的解说,但是学生理解起来仍然难度比较大,反应不是很积极。经过思考,我们对语用平面的教学做了调整,以"是……的"句型为例加以展示。

对于典型情境,放在主题式操练的开始阶段,以举例的方式,启发学生思考在这样的语境下会有什么表达冲动,想了解什么,想说明什么,会进行什么样的交际。例如:

典型情境一：看到别人的新东西时

教师：当我们看到别人穿了一件很漂亮的衣服，这时候你想说什么？你想了解什么？

学生：这件衣服真漂亮，你是什么时候买的？是在哪儿买的？是谁给你买的？

……

教师：当我们看到别人用了一台很好的电脑，你也很想买，这时候你会说什么？

学生：这台电脑不错，你是什么时候买的？我也想买一台电脑。你是从哪儿买的？你是从京东买的吗？是你自己买的吗？

……

典型情境二：购物时

教师：当我们去超市买东西的时候，比如买食物，我们通常会看一下标签，你想了解什么信息？

学生：这个东西是用什么做的？这个东西是什么时候生产的？这个东西是在哪儿生产的？

……

典型情境3：当我们看到别人的旅行照片时

教师：你会了解这个照片的哪些信息？

学生：照片在哪儿拍的？什么时候去的？和谁一起去的？去那儿是做什么的？

教师：还可以了解酒店、机票等信息。

……

典型情境4：收拾、整理东西时

教师：我们收拾冰箱的时候，有些东西可能过期了，你可能会看什么？回忆什么？

学生：这个东西是什么时候生产的？这个东西是在哪儿生产的？这个东西是用什么做的？这个东西是在哪儿买的？

……

对于语法表达功能，在主题式操练中，还可以与相似的语法点进行辨析，引导学生体会两者在表达功能上的差异。比如，在教表示存在的"V+着"句型时，采用对比分析与互动提问的方式，引导学生共同提炼总结。引导学生反思为何在描绘场景布置时更倾向于使用"V+着"句型而非"有"字句，以此揭示该句型在表达细腻情感、营造现场氛围等方面的独特价值，从而全面深化学生对语法形式与功能之间关系的理解。

（2）对比法教学

在深化语用平面的教学过程中，我们借鉴了第二次行动研究的成功经验，将此教学模式巧妙地融入主题式训练的起始、进行与收尾阶段。通过精心设计的提问策略，激发学生主动思考，随后由教师引导进行归纳整理，有效促进了学生对语义内涵和语用规则的把握与内化。

针对典型语言使用场景的教学，我们在主题引入环节采用情境模拟、问题驱动及新旧知识衔接等方法，激发学生的想象力与探索欲。例如，在讲解表示存在的"V+着"句型时，引导学生设想身处美术馆或博物馆，面对展品时的描述冲动，思考如何生动地向未亲临现场的人传达所见所感，以此加深他们对典型场景下语言表达方式的理解。

至于语法的具体使用条件，我们在主题训练的深化与总结阶段，巧妙运用对比法教学，将目标语法点与相似语法点并置分析。在教师提出的思考框架下，鼓励学生自主辨析两者间的异同，从而深刻认识到目标语法（如"V+着"句型）使用条件的独特性与限制性。例如,通过对比"V+着"句型与"有"字句,探讨前者在表达存在方式方面的优势,以及两者在语境适用上的微妙差别。

针对语法的表达效能,在主题训练的尾声阶段,采用对比分析与互动提问的方式,引导学生共同提炼总结。

通过这样的方式,实现从教师单向传授到引导学生主动思考、师生共同总结的转变,可以激发学生的学习热情与参与度,提高学生的理解能力,活跃课堂氛围,鼓励学生积极思考与踊跃表达,在缩短教学时间的同时提升教学效果。

3. 语用平面的教学环节

为了更好地促进学生对语用平面构成要素的理解,也为了降低学生的理解和记忆负担,提高学习效率,保证教学的趣味性,我们将语用平面的三个构成部分的教学调整到了主题式操练的前、中、后三个环节。

(1) 典型场景在主题式操练前展示

在主题式操练前,我们通过举例的方式展示目标表达式的典型应用场景,通过启发式的提问促使学生思考在这种场景下的表达动机和欲望,从而激发学生思考的积极性,激活目标语法点的输出,将语法的语用学习从被动接受转为主动思考。同时,这种处理方式还可以起到热身的作用,激发学生的表达兴趣,使其自然地进入主题式操练的典型场景,进而开展主题式操练。

(2) 表达功能在主题式操练中呈现

在主题式操练的输出过程中,我们自然地引入相似语法点,启发学生思考二者的不同,如它们的表达目的、作用有什么差异。通过对比的方式突出了目标表达式的功能,同时又跟相似语法点进行一定的辨析。

(3) 使用条件在主题式操练后归纳

因为使用条件构成要素多,更加抽象,理解起来更加困难,通过前面三平面知识的讲解和主题式操练中的引导,学生对于语法的使用条件已经有了模糊的认识,通过主题式操练大量地输出,已经有了足够的语感,此时可以水到渠成地带领学生总结出各种使用条件。这一过程既减轻了理解的难度,又保证了学习的趣味性,提高了思考的积极性、主动性,使学生产生了强烈的成就感。

二、主题式操练

1. 主题式操练的优势

（1）主题式操练具有情境的典型性特点

语法主题式操练方法旨在通过具体、生动且贴近实际生活的情境来帮助学生掌握和运用语法知识,强调构建真实的或接近真实的语言使用场景。这些情境通常来源于学生的日常生活、学习、工作等实际场景,如购物、旅行、学校生活、职场交流等。这样的设计能够让学生在学习过程中感受到语言的实际应用价值,增强学习的动力和兴趣。

在选择或设计情境时,选取那些能够典型地体现目标语法点使用环境和规则的情境。这些情境不仅涵盖了语法点的常见用法,还能够帮助学生理解其在实际语境中的细微差别和变化。通过反复操练这些典型情境,学生可以更加熟练地掌握和运用语法知识。

（2）主题式操练可以更好地与语用平面教学相结合

主题式操练与语法应用的典型场景相结合,能够极大地促进学生对语法语用平面的理解和体验。语用平面,即语言使用的实际场景、使用条件和表达功能,是语法学习中不可或缺的一部分。通过主题式操练,学生不仅学习语法的形式结构,更重要的是学习如何在实际语境中恰当地运用这些语法结构。

① 体现语法的使用条件

在主题式操练中,每个主题都设定了具体的语境和情境,这些语境和情境为语法的使用提供了真实的背景。学生需要在这个背景下,根据语境的需求选择合适的语法结构来表达自己的意思。这种操练方式让学生深刻体会到了语法结构的使用条件,即何时、何地、为何使用某种语法结构。

② 体会语法的表达功能

语法的表达功能是指语法结构在语言中所承担的信息传递和交际作用。通过主题式操练,学生可以亲身体验到不同语法结构在表达上的细微差别和独特效果。例如,在表达请求时,使用祈使句和疑问句会有不同的语气和效果;在描述过去的事件时,一般过去时和现在完成时能够传达出不同的时间感和完成度。这些体验可以帮助学生更加准确地把握语法的表达功能,从而在实际交际中更加自如地运用语言。

③ 提高语言综合运用能力

主题式操练不仅关注语法的形式结构,还注重语言的交际功能和语境适应性。通过在不同主题下的反复操练,学生可以逐渐构建起一个完整的语用知识体系。这种综合性的学习方式有助于学生提高语言综合运用能力,即在实际交际中能够灵活运用所学知识进行有效沟通。

(3) 主题式操练具有高度的生成性

主题式操练结合语法的典型使用场景设计教学话题的方法,是一种高效且富有生成性的教学策略。这种方法通过构建多层次、多维度的主题网络,将语法学习与实际使用场景紧密结合,为学生提供了丰富的操练机会和语境体验。

① 主题式操练的层次性

大主题。大主题通常是一个广泛而综合的语言使用领域,如

"旅行""购物""节日庆祝"等。这些大主题贴近学生的生活实际，能够激发他们的学习兴趣和动力。

小主题。在大主题下，可以进一步细分为多个小主题。例如，"旅行"这一大主题下可以有很多小主题如"规划行程""预订机票/酒店""当地交通"等。每个小主题都聚焦旅行过程中的一个具体环节或方面。

子主题。小主题下还可以继续细分为子主题，以进一步细化语言使用的具体情境。例如，"规划行程"小主题下可以有子主题如"选择目的地""查看天气预报""制定预算"等。这些子主题使语言学习更加具体和深入。

以数量补语的语法操练来说，可以选择"旅行"这一大主题，在大主题下又可以分"交通""饮食""购物"等小主题，"交通"这个小主题又可以分"开车""坐飞机""坐地铁"等子主题，在这些大大小小的主题下练习"V＋了＋数量词"这一语法结构。

② 语法点的输出网络

在每个主题（大、小、子）下，都可以输出大量的目标语法点。这些语法点不是孤立存在的，而是相互关联、相互支撑的。通过在不同主题下的反复操练，学生可以逐步构建起一个完整的语法知识网络。这个网络不仅有助于学生理解和掌握语法规则，还能够提高他们的语言综合运用能力。

③ 生成性与操练机会

由于主题式操练方法具有高度的生成性，因此可以为学生提供更多的操练机会。随着主题的深入和细化，学生可以接触到越来越多的语言使用情境和语法点。这些情境和语法点不仅丰富了学生的学习内容，还为他们提供了更多的实践机会。在反复操练的过程中，学生可以不断巩固和强化所学知识，提高语言使用的准确性和流利度。

2. 主题式操练的作用

在应对语法习得偏误的挑战时,关键在于运用两大策略:详尽的讲解和充分的实践练习。首先,通过深入透彻、全面到位的讲解,帮助学生清晰理解不同语法点之间的细微差别及其背后的逻辑。然后,借助大量具有实际应用价值的练习,使学生在实际操作中深化对语法意义和应用条件的理解,强化记忆,并在脑海中稳固地建立起正确的语法结构及其用法。这一过程不仅可以促进学生对语法形式的掌握,还可以通过不断练习巩固,使语法形式、意义与应用之间形成紧密的联系,有效避免了与相似语法结构的混淆。

主题式操练因其高度情境化、交际性和生成性,成为一种极为有效的语法练习方法。通过围绕特定主题设计的情境模拟和任务导向活动,学生能够在接近真实的语言环境中运用所学语法,提升语言的实际运用能力,增强学习的趣味性和动力。这种操练方式鼓励学生进行积极的实践,进一步促进语言知识的内化和灵活运用。

3. 主题式操练案例

下面以表强调的"是……的"这个句型语法点为例,展示如何进行主题式操练。

在整理冰箱、衣柜,询问一些喜欢的物品的信息,以及回忆旅行信息的时候,常常用"是……的"句型进行表达。

一、主题一:清理冰箱

冰箱里常常有很多食物,有的可能过期了,有的可能变质了,我们清理冰箱里的食物的时候,常常会看一下这些食物的生产日期;冰箱里有好吃的东西,也会看看哪儿生产的,配料是什么。这些时候都可以用"是……的"句型来表达。现在我们一起来看一下这些食物的生产时间、地点、配料等信息。

（一）强调状语(S＋是＋状语＋VP＋的。)

食物	原料	生产时间	生产地点	购买时间	购买地点
饺子	猪肉、白菜	2023.6.23	山东	7.10	网上
香肠	鸡肉	2023.7.1	广州	7.3	盒马超市
黄油	牛奶	2022.9.15	新西兰	上周	京东

1. 原料

这块话梅糖是用黑糖和话梅做的。

这块面包是用面粉和牛奶做的。

这块黄油是用牛奶做的。

2. 生产时间

这袋饺子是 2023 年 6 月 23 日生产的。

这袋香肠是 2023 年 7 月 1 日生产的。

这块黄油是 2022 年 9 月 15 日生产的。

3. 生产地点

这袋饺子是在山东生产的。

这袋香肠是在广州生产的。

这块黄油是在新西兰生产的。

4. 购买时间

这袋饺子是 7 月 10 日买的。

这袋香肠是 7 月 3 日买的。

这块黄油是上周买的。

5. 购买地点

这袋饺子是在网上买的。

这袋香肠是在盒马超市买的。

这块黄油是在京东商场买的。

(二) 强调主语(O＋是＋S＋V＋的。)

当你吃到好吃的东西时,你可能想知道什么?你会问什么?你可能想知道是用什么做的,也就是问原料;你也可能想知道是什么时候做的,也就是问时间。你还可能会问什么呢?会问是谁做的,也就是问主语。比如:

1. 汤是谁煲的?

汤是＿＿＿＿煲的。

2. 面包是谁做的?

面包是＿＿＿＿做的。

3. 饺子是谁包的?

饺子是＿＿＿＿包的。

4. 包子是谁做的?

包子是＿＿＿＿做的。

此处的问答方式应该是开放型的,不要局限于一个答案,答案可以是丰富多样的。

比如:

汤是妈妈煲的。

汤是爸爸煲的。

汤是奶奶煲的。

汤是我煲的。

……

(三) 强调目的

中国人以前很少吃黄油,不过现在食物越来越丰富了,吃法、做法也越来越多样了,所以我们有时候也会买黄油,可能你不太了解为什么买黄油,买黄油做什么,这时候就可以用

"是……的"问一下买黄油的目的,比如:

你买黄油是做什么用的?
我买黄油是做面包用的。
我买黄油是做蛋糕用的。
我买黄油是做饼干用的。
我买黄油是做布丁用的。
我买黄油是煎牛排用的。
我买黄油是煎三文鱼用的。
我买黄油是做三明治用的。
我买黄油是做炒饭用的。

对比:"是……的"和"可以+V"有什么不同?例如:

我买黄油是做面包用的。
黄油可以做面包。

分析:

二者的表达功能不同,"是……的",是已经买了这块黄油,"我买黄油是做面包用的"这个句子是想表达我为什么买黄油,买黄油的目的,用来做什么。在这里"我"是要告诉别人买的黄油是用来做面包,不是做别的食物用的,有一定的区别作用。"可以+V"可能没有买黄油,也可能买了,"黄油可以做面包"这个句子是想表达黄油有哪些作用,能做什么。

(四)综合运用

1. 找几张购物小票,或者网购的截图,试着用"是……的"句型说一说上面的购买时间、地点、价格等信息。

2. 从家里找几个食品包装袋、包装盒等外壳,或者逛超市的时候,找几样食品,看一下上面的产品生产信息,试着用"是……的"句型说一说上面的生产时间、地点、配料等信息。

二、主题拓展

1. 除了清理冰箱，清理衣柜，收拾东西，家里做"断舍离"的时候，我们都免不了会用"是……的"句型回忆这些物品的相关信息。比如：

这件衣服是五年前买的。
这件衣服是在天河城买的。
这件衣服是我和朋友一起去买的。
这件衣服是用真丝做的。
……

2. 我们看到别人买的东西，如果自己很喜欢，也想买一件，也可能会用"是……的"句型去问。比如：

这个笔记本电脑是什么时候买的？
这个电脑你是从哪儿买的？
这个电脑是谁给你买的？
这个电脑是花多少钱买的？
……

3. 谈旅行信息的时候，也会常常用"是……的"句型。比如：

我是去年去北京的。
我是和同学一起去北京的。
我去北京是旅行的。
……

三、主题操练变换形式

以上的主题式操练是按"是……的"句型所强调的对象、状语、主语、目的作为主题进行分类、分层次操练的，除此以外，也可以按照物品的种类分主题进行操练。比如食物，我们可以按

> 照水果、饮料、蔬菜、自己烹制的食物等分类方式进行主题操练。具体选择哪种操练的形式,可以根据所教授的课程内容和学生的情况,备课的时候灵活选择。

4. 主题式操练的调整方式

主题式操练的特点是与生活结合非常紧密,从大主题到小主题的操练形式,其生成性很强,每个小主题下面都可以输出数量可观的目标表达式。但这由此带来一个问题,就是输出太多的话,会占用太多课堂教学时间,造成其他教学内容时间紧张,或者影响整体教学内容的进展。针对这个问题,有如下两种处理的方式:

一是减少小主题。比如,由四个小主题变为两个或者三个,剩下的小主题可以采用举例的方式,带领学生做一个简单的拓展,使学生意识到在这个小主题下也可以大量输出目标表达式,拓展他们的思维。

二是控制每个小主题下面的输出。比如,穷尽式的输出可能是二三十条,但是输出七八条后就此打住。具体输出的量,需要教师通过观察确定,以不让学生产生审美疲劳、不影响表达兴趣为佳。

三、任务型教学

(一) 任务类型

任务型教学有两种形式:教学性任务和真实性任务,两种任务的功能和形式都有一定的差异[①]。

---

① 吴中伟、郭鹏:《对外汉语任务型教学》,北京大学出版社 2009 年版,第 53—55 页。

1. 教学性任务

教学性任务是为了教学目的而设计的，旨在帮助学生掌握特定的语言结构、词汇或语法规则，任务的内容比较简化和可控，更侧重于语言的形式而非真实场景中的应用。

教学性任务是处于教师控制下的操练和自由运用中间的一个状态。因为学生组织大段的自然语言的能力不够，只是在某个场景之下，可以做到输出单个或者几个句子，所以，在学习时间充分的前提下，在开展真实性任务之前做一下教学性任务，对于真实性任务的自由输出是有帮助的。

经过课堂观察，教学性任务在课上完成，学生的参与积极性很高，驾驭这种任务的能力也很强。在完成任务的时候，能看到学生是毫无压力的。原因在于，任务操作前教师已经把任务规划得很清楚了，分解得也很清楚，前面的主题式操练也很充分。由此可见，任务前的练习以及任务的设计和规划是非常重要的。

2. 真实性任务

真实性任务旨在模拟真实生活中的情境，使学生能够在真实的环境中运用所学语言，通常涉及真实的问题和情境，需要学生在解决实际问题时运用语言。一般情况下，真实性任务的开展具有一定的难度，任务的效果不容易保证。但是经过主题式操练和教学性任务之后，真实性任务的效果可以有效地提高。

我们在教学中发现，从学生的完成度来看，教学性任务和真实性任务的完成度都比较理想，输出的目标语法点准确率很高。从真实性任务的输出结果来看，学生对于目标语法点的使用条件把握较好，只是有个别表达结构顺序存在错乱，但学生有能力自我察觉并改正过来。

在运用这个教学模式开展"是……的"句型课堂教学之后，我们也很欣喜地观察到，在学完"是……的"句型以后，有学生过来问老师,"老师,您那些砂糖橘是在哪儿买的?挺好吃的。"由此可见,这种教学模式得到了学生的有效反馈,说明我们的教学目的得以有效实现。

3. 两种任务类型的取舍

在实际的课堂教学中,教学时间有限,如果不是为了实验目的,在正常的课堂教学中开展两种任务通常难以完成教学进度。所以,对两种任务应该做出合理的安排、取舍。

在处理交际性任务时,教师可依据教学内容的丰富程度及整体教学时间的规划,灵活决定是在课堂上进行还是安排至课后完成。若在课堂上执行交际任务,鉴于学生所需准备时间较长,往往会占用较多的课堂讲授时间。相反,若将交际任务安排在课后进行,不仅能够有效减轻对课堂时间的占用,还能给予学生更充裕的时间进行深入的讨论与准备,从而有望呈现出更为优质的任务成果。

(二)任务案例

下面以表强调的"是……的"句型为例,展示任务教学设计。

1. "是……的"的教学性任务

旅行回忆

去一个地方旅行,常常会拍一些照片,留下美好的回忆。别人看到这些照片,也会被美景吸引,想知道这次旅行的一些情况,比如旅游目的地、景点、机票、酒店等信息。

两个同学 A 和 B 一组,每人找一张去旅行的照片,聊一聊去这些地方旅游的信息。A 问 B 的旅行信息,B 填写表格。B 问 A 的旅行信息,A 填写表格。A 汇报 B 的照片信息,B 汇报 A 的照片信息。

注：可以借助腾讯文档，开展活动时，一边讨论，一边填写表格，将讨论内容锁定在表格中，既能操练说和写的技能，同时又能方便学生记忆，可以作为汇报时的提纲。

2. "是……的"的真实性任务

断舍离

家里的东西要经常收拾、整理，在整理东西的时候，我们常常会有对这些东西的回忆，例如：

这件衣服什么时候买的，在哪里买的；

这个东西是谁给的，什么时候给的；

这张照片是在哪里照的，什么时候照的；

……

两个同学一组，扮演同屋，一起收拾整理宿舍里的东西，回忆这些东西的来历，并决定哪些东西要留、哪些东西要丢，说明为什么要留、为什么要丢。

注：可以借助腾讯文档作为辅助教学工具，边讨论边记录，将活动结果填写进腾讯文档。

第三节　教学模式存在的问题及解决方案

一、语用平面教学存在的困难

（一）语用平面研究的欠缺

在语法教学中，虽然我们强调语用平面的教学，但是也意识到语用平面的教学难度很大。最主要的原因在于,当前汉语语法的语用平面的研究没有跟上。平面教学需要教师自己努力去挖掘,但语用平面由于是在应用中进行,在语境中才能观察,它是动态的,牵涉的因素很多,总结起来难度非常大。

另外,语用平面的教学,对于教师提出的挑战很大。对于新手自不必说,即使对于老教师,语用平面的总结也不一定能做到。即使做了语用平面研究,一是未必准确,二是未必全面。

这些问题都是客观存在的。但是作为教师来说,不能因为难度大就放弃语用平面这一部分的探索,因为本体知识的研究是对汉语教学的强有力的支持,如果本体研究不透,教学不可能教透,学生也不可能学懂。所以,与其说语用平面的教学是否有必要,不如说我们要努力去探索,从无到有,从有到多,从多到优。这是未来非常值得关注的一个研究方向。

(二) 语用平面教学的困难

1. 教学环节的安排

语法语用平面教学存在讲解难度较大,学生不易理解的问题,因此语用平面内容不宜直接采用讲解的方式,更不宜采用集中讲授的方式。可以巧妙地将语用平面教学内容融入主题式训练的前、中、后三个阶段,通过精心设计的提问策略,运用启发式的教学方式,促进学生的思考。同时,这样也不会过多地占用课堂教学时间。

2. 语用平面三要素的处理方法

针对典型语言使用场景的教学,我们在主题引入环节采用情境模拟、问题驱动及新旧知识衔接等方法,以激发学生的想象力与探索欲。例如,在讲解表示存在的"V+着"句型时,引导学生设想身处美术馆或博物馆,面对展品时的描述冲动,思考如何生动地向未亲临现场的人传达所见所感，以此加深对典型场景下语言表达方式的理解。

至于语法的具体使用条件，我们在主题训练的深化与总结阶段，巧妙地运用对比法教学，将目标语法点与相似语法点并置分析。在教师提出的思考框架下，鼓励学生自主辨析两者间的异同，从而深刻认识到目标语法使用条件的独特性与限制性。例如，通过对比"V+着"句型与"有"字句，探讨前者在表达存在方式方面的优势，以及两者在语境适用上的微妙差别。

之后，针对语法的表达效能，在主题训练的尾声阶段，采用对比分析与互动提问的方式，引导学生共同提炼总结。以"V+着"句型为例，引导学生反思为何在描绘场景布置时更倾向于使用"V+着"句型而非"有"字句，以此揭示该句型在表达细腻情感、营造现场氛围等方面的独特价值，从而全面深化学生对语法形式与功能之间的关系的理解。

通过这样的方式，可以实现从教师单向传授到引导学生主动思考、师生共同总结的转变，激发学生的学习热情与参与度，提高学生的理解能力，活跃课堂氛围，促进学生积极思考与踊跃表达。同时，也可以在缩短教学时间的同时提升教学效果，有效促进学生对语义内涵和语用规则的把握与内化。

语用平面教学宜采用启发式教学方法，在主题操练的过程中，适时启发，引导学生思考，带领学生分析、总结出语用平面的使用条件、表达功能、典型语境等内容。在教学过程中，我们发现这种方法效果很好，根据留学生的反馈，可以帮助他们"像中国人一样思考"。这种启发的方式包括：

① 多问为什么

比如，为什么要这么说？为什么要用……表达？为什么不用……表达？

② 相似语义语法点的对比

比如,为什么要用这个语法点来表达,而不用另外一个语法点表达?

③ 多问什么时候

比如,什么时候用这个语法点?在哪些场合常用这个语法点?

④ 多问有哪些条件

比如,什么条件下可以用这个语法点?除了这些条件,还要有什么条件?

二、课堂教学耗时长的问题

在教学中,我们也发现,如果整个教学流程在课堂中全部使用的话,会导致教学持续时间过长。一是可能占用太多教学时间,导致其他教学模块时间紧张;二是可能造成不同语法点之间的教学产生不平衡的现象,有的语法投入的时间和精力过多,有的语法教学时间太短,导致学生对于不同语法点的掌握效果可能不平衡。对于这些问题,我们也做出相应的思考。

(一) 不同课型的处理方式

如果是专门的语法课,这种完整流程的授课方式问题不是很大;如果是读写课,则要根据具体情况来处理。

(二) 不同语法点的处理方式

1. 语法重难点

语法教学的重点和难点在整个语法体系中占据重要的位置,在学习中复现率高,习得难度大,问题比较多,通常需要更多的教学时间来确保学生能够充分理解和掌握,给学生打下一个良好的语法基础。语法是语言学习的基石,对于培养学生的语言运用能力和表达能力具有至关重要的作用。因此,针对语法教学的重点和难点,适当延长教学时间是必要的。

如果重要语法点占用的时间略长一点,其他内容和步骤的教学可以调整教学安排或者缩短时间,以保证整体的教学时间不会拖长。

另外,某些教学流程的内容可以放到课下去开展,比如偏误辨析可以处理成课后练习的形式。有些环节也可以做适当的取舍。比如,教学性任务和真实性任务,可以二选一,主题式操练如果比较充分,学生掌握情况很好的前提下,教学性任务也可以去掉。还有一种处理方式是,真实性任务放在一个单元学完之后来做,这时可以结合其他学过的语法点,开展一个综合性的任务。

除了"是……的"句型是本书行动研究的展示案例,我们在学期中也还选择了其他一些重要的语法,开展"3T"语法教学模式,"3T"即测试阶段(test)、教授阶段(teach)和第二次测试阶段(test)。从教学实施来看,这是可行的,并没有耽误整体的教学进度,整个学期的教学进度可以顺利完成。

2. 简单的语法点

对于较容易的语法点来说,我们在教学过程中,没有选择"3T"模式的全部流程,我们一般会选择其中几个环节,比如句法、语用讲解和主题式操练。因为语用对于提高语法的应用能力至关重要,所以在语法教学中我们始终有语用教学的意识,带领学生深入思考"什么时候会用它""为什么要用它",努力挖掘目标语法点的使用条件、典型场景、表达功能,并且在主题式操练的过程中有机地穿插,采用启发式的方式调动学生思维的积极性和主动性。

(三) 教学模式的核心模块

对于所有语法点来说，都适用的一种操练方式就是"主题式操练"。主题式操练能充分挖掘目标语法点的输出机会，最大限度地输出目标语法点。这种操练方式不仅对学生很有好处，对于教师来说，也是非常好用的一种操作方法。这也是该教学模式的核心模块。

(四) 教学模式的不同方案

教学模式应该具有灵活性，方便教师根据具体的课堂教学条件进行合理取舍。因此，具体的流程、步骤可以略作调整。

1. 方案一："课中—课后"两段式

为了减少语法课堂教学时间，我们把部分内容调整到课后，同时精简主题式操练内容。

首先，将"偏误辨析"这一练习设定为课外作业环节，鼓励学生利用课余时间深入思考与完成。此举旨在给予学生更充裕的时间去审视和纠正语言偏误，从而更有效地巩固学习成果，促进思考的深度与广度。

其次，针对主题式操练，我们精简了小主题的数量，从原先的3—4个缩减为2—3个，同时控制师生间及学生间的问答频次，避免在单一主题上的过度延伸。这样的调整不仅能确保课堂时间的高效利用，还能避免因内容冗长而削弱学生的参与兴趣。通过减少不必要的话语轮次，提升操练的针对性和有效性。

最后，交际任务分为教学性任务与真实性任务两大类。前者设有明确的条件约束与语言提示，操作相对简单直接，便于学生上手；后者则强调灵活性，要求学生具备更高的语言综合运用能力，在真实或模拟的情境中自如交流，这需要学生对语法点有更深刻的理解和内化。因此,在教学实践中,对于教学性任务,我们建议紧随语法点教学之后,立即将其布置为课后小组作业,鼓励学生讨论完成并通过在线平台提交,由教师审阅或在课堂上进行小组展示。至于真实性任务,为了让学生在贴近生活的场景中自然地运用所学语法,建议跨越多个学习单元,融合多个语法点,设计综合性更强的任务,以促进学生对所学知识的融会贯通与灵活应用。

2. 方案二:"课前—课中—课后"三段式

为了有效缩短课堂教学时间,我们提出了第二种优化方案,即采用"课前—课中—课后"三段式学习模式,并同步精简课堂上的主题操练内容。具体实施如下。

首先,针对句法与语义这一基础而关键的语言学习环节,我们将其转化为微课形式。这些微课内容精炼、针对性强,旨在让学生在课前预习阶段就能初步掌握句法结构与语义理解的基本知识。这样一来,课堂时间便能更加专注于深化学习。通过复习微课内容,教师可以集中讲解学生预习中遇到的重点和难点,从而提高教学效率。

其次,为了进一步优化课堂结构,我们将偏误辨析和交际任务这两个实践性较强的环节调整至课后进行。这样做的好处在于,学生可以在课堂上学到扎实的基础知识后,利用课余时间进行自主练习和反思,通过实际运用来巩固所学内容,同时锻炼自己的语言交际能力。这种安排不仅减轻了课堂上的教学负担,还促进了学生自主学习能力的提升,实现了知识与技能的双重增长。

第四节 以语用为导向的语法教学模式的作用

这套语法教学模式经过学生和同行调研,得到了较高的认可。

问卷调查和深入访谈的结果显示,其生成性、交际性和应用性均得到了高度评价。这些正面反馈不仅来自学生的积极参与和热情表达,也体现在他们对目标语法点的广泛运用和输出上。

作为教师,我们在课堂上也深切感受到了这种教学模式的积极效果。学生们的学习兴趣明显增强,他们更愿意主动参与到课堂活动中来,开口表达的机会也大大增加。这种互动式的学习环境不仅提升了学生的语法应用能力,也进一步激发了他们的学习热情。

我们相信,随着这个模式的不断应用、改进和提高,它将在语言教育领域发挥更加重要的作用。

一、学生语法应用能力的提升

通过采用这套语法教学模式,学生们在语法学习中的实际应用能力有所提升。在交际的实际场景中,他们能够更加准确地运用所学的语法知识,使得语言表达更加流畅、自然。这种变化不仅体现在他们能够更准确地理解和使用语法规则,更体现在他们能够灵活运用语法知识来丰富自己的语言表达,提升语用能力。

这种实际应用能力的提升并不是孤立的。它建立在学生们对语法规则的深入理解和扎实掌握之上,同时也得益于他们在课堂上积极参与的互动式学习环境。在这种环境下,学生们有机会在真实的语境中运用语法知识,通过不断实践来加深对语法规则的理解和记忆。

二、学生学习兴趣的增强

传统的语法教学常常侧重于规则的记忆和背诵,会让学习过程显得枯燥和抽象。然而,新的语法教学模式通过强调实际应用和语境理解,使得学习过程更加生动有趣,更符合语言学习的本质。

在这种新模式下,学生们不再是被动地接受和记忆语法规则,而是主动地参与到语言实践中,通过真实的语境来理解和运用语法知识。这种学习方式不仅能让学生更加深入地理解语法规则,还能够培养他们的语言应用能力和语用能力。

同时,新模式的生动性和趣味性也极大地激发了学生的学习兴趣和学习积极性。学生们在参与课堂活动时,能够感受到语言学习的乐趣和实用性,从而更加主动地投入学习中去。这种积极的学习态度不仅能够提高学生的学习效果,还能够培养他们的自主学习能力。

三、课堂氛围的提升

新的语法教学模式显著提升了课堂教学氛围。与传统的以规则记忆为主的教学模式相比,新模式注重实际应用和语境理解,使得课堂更加生动有趣,吸引了学生的积极参与。

主题式操练这种围绕特定的主题或话题进行的语言练习,能够帮助学生将语法知识与实际语境相结合,使他们在讨论具体话题时能够更自然地运用所学的语法结构。通过主题式操练,学生能够更加深入地理解语法规则在实际交流中的应用,从而提高他们的开口意愿和语言表达能力。

任务型的教学方法,如小组讨论、角色扮演、情境模拟等,为学生们创造了一个更加互动、开放的学习环境。这种环境不仅鼓励学生们主动思考和表达,还促进了他们之间的交流和合作,使得课堂氛围更加活跃和融洽。

综上所述，以语用为导向的创新语法教学模式在行动研究中取得了显著成效。这不仅证明了该模式的可行性和有效性，也为我们在后续的研究中提供了宝贵的经验和借鉴。

第二编
以语用为导向的语法教学模式案例

第七章
结果补语案例

第一节 结果补语的句法和语义研究

一、结果补语的句法

如前所述,语法的句法结构,通常以三种形式进行展示:描述式、图表法和公式法。此外,"构式-语块"分析法和教学法也是一种新的补充性的句法研究与教学的理论和方法。这一方法建立在人类认知和语言的共性基础之上,在分析和教授一些汉语句式方面,优于传统的思路[①]。

（一）结果补语的句法特点

从补语的类型来看,一般动词或形容词,常用的有"完、开、懂、会、到、对、错、干净、明白、清楚"等。

从句式结构来说,常有"主＋动＋补（＋宾）""主＋把＋宾＋动

---

① 苏丹洁、陆俭明：《"构式-语块"句法分析法和教学法》,《世界汉语教学》2010年第4期。

＋补""主＋被＋宾＋动＋补"这样几种结构形式。

结果补语的否定形式通常为"没＋动＋补（＋宾）"，例如：我还没吃完饭。在假设性的语境中，用"不"，例如：不吃完饭不能去玩。

（二）结果补语的句法偏误

1. 语序偏误

结果补语句法上的偏误，表现为语序上的混乱，主要是补语的位置有误。例如：

① ＊我每天做作业完才睡觉。
② ＊今天的考试，我做了不少题错。
③ ＊我们终于赢了这场打球。
④ ＊她吃饭完了就去学习了。
⑤ ＊她吃了完饭就去学习了。
⑥ ＊参加考试的人数至180名增加了。

2. 否定形式偏误

否定形式表现为已经发生的事情，用"不"否定，假设的情况用"没"否定。例如：

⑦ ＊今天早上我妈妈不叫醒我，所以我迟到了。
⑧ ＊我们好久不看见他了。
⑨ ＊今天他擦不干净皮鞋就出门了。
⑩ ＊今天他擦得不干净皮鞋就出门了。
⑪ ＊没做完作业就别睡觉。
⑫ ＊我妹妹有个坏习惯，经常没吃完米饭。

二、结果补语的语义

刘月华等在《实用现代汉语语法》中指出,结果补语,主要表示动作或状态的结构——引起动作者或动作受事的状态发生变化[1]。

(一) 结果补语的语义指向

结果补语具有语义指向。语义指向是指句法成分的语义指向,具体说是指某个句法成分在语义上跟哪个成分发生最直接的联系[2]。从语义上看,补语可以指向主语、宾语所代表的人和事物,也可以指向谓语动词所表示的行为动作[3]。

结果补语的句法结构虽然简单,但是语义指向较为复杂,这也是习得的一个难点。一般来看,结果补语可以看作是两个句子意义的糅合。在语言表达中,追求简约性与丰富性的平衡是一种艺术。通过将多个句子中的核心意义糅合在一起,可以形成一个既精炼又内涵丰富的新句子。结果补语就是多层语义的糅合。

1. 指向宾语

例如:

⑬ 你打错电话了。

意思是"你打了一个电话",但"这个电话(号码)是错的",两个意思凝聚在一起,就变成"你打错电话了"。这里的语义指向是宾语,电话(号码)是错的。

---

[1] 刘月华、潘文娱、故韡:《实用现代汉语语法》,商务印书馆2001年版,第534页。
[2] 马真、陆俭明:《形容词作结果补语情况考察(一)》,《汉语学习》1997年第1期。
[3] 刘月华、潘文娱、故韡:《实用现代汉语语法》,商务印书馆2001年版,第534页。

2. 指向主语

例如：

⑭ 我玩累了。

意思是"我玩了"，"（因为玩太久，或强度太大）我累了"，两个意思凝聚在一起就是"我玩累了"。这里的语义指向是主语"我"。

3. 指向动作

例如：

⑮ 这个游戏我打不好。

意思是，"我玩游戏了"，"这个游戏我玩得水平不高"，合在一起就是"这个游戏我打不好"。这里的语义指向是"打游戏"这个动作行为。

（二）结果补语的语义偏误

同一个短语中两个直接成分的组合，不仅要受到一定的语法限制（比如向成动结式，述语和补语都必须由谓词充当），还要受到一定的语义限制。同语法限制一样，语义限制也是本民族语言知识的一部分，潜存在人们的大脑中，说话人自己可能意识不到，但是要让外国人或机器造出合法的句子，必须把这些语义限制告诉两者，否则就会造出一些稀奇古怪的句子来①。

例如：

⑯ *我今天洗脏了衣服。

⑰ *昨天我和他约完了，晚上点在校门口见，不见不散。

⑱ *她找了半天，终于遇到了小狗。

---

① 王红旗：《谓词充当结果补语的语义限制》，《汉语学习》1993年第4期。

第二节 结果补语的语用分析

一、结果补语的语用偏误分析

外国人学目的语的过程中常常会出现泛化的现象,泛化其实是相近语法点之间的混淆造成的。结果补语与可能补语、情态补语、程度补语之间,在形式上和意义上具有很高的相似性,学生在使用时常常混淆。主要表现为该用结果补语的时候,却用了其他补语结构;该用其他补语结构的时候,却用了结果补语。

泛化现象是指不该用某个语法点的时候却用了。除此之外,外国人在学习和运用结果补语时,还会出现回避现象,即该用某个语法点时却不用。结果补语的习得也会出现这种回避现象。吕文华提到,学生很难理解和掌握结果补语所表达的意义,学习中常见的错误是该用结果补语时不用[1]。

除此以外,由于汉语的动结式底层结构由两个表述构成[2],所以结果补语为两种语义结构糅合而成,因此学生也容易把结果补语的意思,用两个主谓谓语句的形式表达;由于结果补语与"了"和"过"都有"过去""完成""结束"的意思,所以学生也容易将其与"了"和"过"的句式混淆。

泛化现象是不该用某个语法点的时候却用了,回避现象是该用的时候却不用,两者实质上都是学生对于所学语法点的使用条

---

[1] 吕文华:《谈结果补语的意义》,《语言教学与研究》1982年第3期。
[2] 王红旗:《谓词充当结果补语的语义限制》,《汉语学习》1993年第4期。

件、使用场合、表达功能不够了解导致的。汉语补语系统的复杂性和多样性，根植于语言对于表达细腻情感和丰富内涵的需求。各种语法结构都是汉语句子结构中不可或缺的部分，能够极大地增强语言表达的精确度和表现力。所以，每个结构的语义焦点、适用条件都有所不同，应区别使用。

接下来，我们通过结果补语与其他易于混淆的语法结构之间的辨析，力图找到其与易混淆语法点之间的本质区别，发现偏误的原因，厘清结果补语的使用条件。

（一）与可能补语的混淆

⑲ *今天他擦不干净皮鞋就出门了。

⑳ *妹妹吃不完饭就去玩了。

㉑ *作业太多了，我不写完。

句子⑲和⑳的偏误都是该用结果补语却用了可能补语，句子㉑偏误是该用可能补语却用了结果补语。这是结果补语的否定形式和可能补语之间的混淆，是对于二者之间结构形式的混淆，混淆的原因比较复杂。

第一个原因是对结果补语否定形式掌握得不扎实。结果补语的否定形式有两种情况：如果是已经发生的事情，应该用"没"否定，且应该用在动词前；如果是假设的情况，没有发生的事情，应该用"不"，且应该用在动词前。原因在于否定词否定的是动作行为所应该产生的结果，那个结果没有出现，所以应该否定"动补"结构，而不是单纯地否定补语。

第二个原因在于，学生对于可能补语的形式和意义不够了解。学生不知道，或者不记得"动词＋不＋补语"，是表示因为客观条件所限，不会、不能发生某件事情，或者不会、不能得到某个结果。

(二) 与情态补语的混淆

㉒ *对不起,我来得晚了。

㉓ *她气得哭了。

㉔ *这件衣服洗很干净。

句子㉒和㉓是该用结果补语,却用了情态补语;句子㉔是该用情态补语却用了结果补语。原因在于学生对于情态补语和结果补语的句法、语义、语用三个平面产生了混淆。情态补语和结果补语,都是述补结构,以上的偏误除了在形式上有没有"得"之外,再没有其他区别,所以学生很容易产生混淆。

刘月华等指出,情态补语是指动词后用"得"连接表示动作的结果状态的补语[1],其语义焦点在"状态"上,这个状态是动作结果呈现出来的。所以情态补语,一般不会与"了"连用,因为这个"了"是表示过去发生的动作已经结束了、完成了、过去了。但是结果补语的语义焦点在于产生的结果上,除了假设的情况,都是已经完成的、结束的,所以结果补语可以与"了"连用。句子㉒和㉓应该用结果补语,是为了说明动作的结果,句子末尾可以用"了";而句子㉔则是对动作结果的状态的描写或者评价,所以应该用情态补语。

(三) 与一般主谓句的混淆

这种情况表现为缺少补语,或者用两个主谓句,一个表达工作行为的意思,一个表达补语的意思,两个句子联合起来表达结果补语的意思。

㉕ *他很努力,终于考了自己喜欢的大学。

---

[1] 刘月华、潘文娱、故韡:《实用现代汉语语法》,商务印书馆 2001 年版,第 534 页。

这个句子遗漏了补语"上",用"主谓宾"句表达意思,失去了成绩达到大学录取标准,从而被录取,上了这所大学的意思,语义表达不完整。

㉖ *看课文我明白了。

㉗ *对不起,你错了,这儿不是王老师家。

动结式底层结构的两个表述之间存在着因果联系,一个谓词表示原因(动词所表示的动作行为),一个谓词表示结果(补语),它们映射到表层后,其中的谓词分别变成动结式结构中的述语和补语①。上面两个句子,分别用两个句子表达原因和结果,合起来表达结果补语句式的意思。这种表达不符合汉语表达习惯,也不符合语言表达经济、丰富、具体的标准。这里有动词,且有动词所表示的动作行为产生的结果,符合结果补语的应用标准,故应该使用结果补语表达。在操练中,教师可以设置情景,将两个句子表达出来,让学生合成结果补语句,在操练中深化学生对这种结构句法、语义、语用三个平面的联结,达到在合适的语境中能直接说出结果补语句的目的。

(四) 与"了"的混淆

㉘ *今天最低温度下降了零下十度了。

㉙ *我完了信就去邮局。

㉚ *我写了信就去邮局。

句子㉘应该是"今天最低温度下降到零下十度了",原因可能是学生受到"了"表过去的事情、完成、结束这种意思的干扰,造成"了"和结果补语在应用上的混淆;也可能是对此句表达温度下降,

---

① 王红旗:《谓词充当结果补语的语义限制》,《汉语学习》1993年第4期。

然后到一定的程度停止了这种意思,应该用动结式的述补结构"下降到"这一表述不了解所致。

句子㉙是对"完"是"写"这个动作产生的结果不了解所致。动结式述补结构具有因果关系,在这个句子中,"写"是"因","完"是"果",所以应该用"写完信"来表述。

句子㉚是对"V1 了 O1 就 V2O2"这种结构与动结式述补结构的区别不了解所致,因为二者都有第一个动作行为结束、开始第二个动作行为的意思,但区别在于,"V1 了 O1 就 V2O2"里面的第一组动词结构"V1 了 O1"通常表示短时,甚至是瞬时的动作,比如"下了课去吃饭",而对于需要较长时间去完成的事情,一般用动结式述补结构来表述。此句中"写信"是需要较长时间才能完成的事情,所以更适合用"写完信"来表述。

(五) 与状中结构的混淆

㉛ ＊对不起,我晚来了。

㉜ ＊这杯咖啡的味道不错,可是多放点儿糖了。

㉝ ＊明天我要去早学校。

㉞ ＊你说少几句吧。

动结式述补结构与状中结构容易产生混淆的是"早""晚""多""少"这几个单音节形容词,因为这几个形容词既可以在动词前做状语,又可以在动词后做补语①。

做状语和做结果补语的一个重要的区别,是事情有没有发生。汉语语序排列一个重要的原则是时间原则,根据事情发生的先后排列词语的顺序。单音节形容词做状语,出现在动词前面,通常是

---

① 刘月华、潘文娱、故铧:《实用现代汉语语法》,商务印书馆 2001 年版,第 534 页。

事件没有发生，只是主观意愿；而单音节形容词做结果补语，通常是事情已经发生了，而单音节形容词所表示的意思是事件发生后的结果。所以句子㉛和㉜应该用动结式的述补短语来表达，而句子㉝和㉞应该用状中结构来表达。

另外，状语是起修饰限制作用的。刘月华等在《实用现代汉语语法》中把状语分为两类，一类是描写性的，一类是限制性的，时间词和时间副词都属于限制性的①。结果补语在动词后面出现，原因是要先做，然后才有结果。下面这两个句式，是学生特别容易混淆的。

比如：

㉟ 我早来了。

㊱ 我来早了。

句子㉟的谓语部分是状中结构，因为"早"是时间副词，类似于时间词做状语，比如：我早上7点就来了。"早上7点"是一个比较早的时间，"早"的作用相当于一个比较早的时间词。这属于非描写性的状语，起限制作用，是告诉大家今天来的时间比较早。

句子㊱的谓语部分是动结式述补结构，因为来了之后，才发现来早了这个事实。比如，来了之后发现大门还没有开，或者来了之后发现一个人都没有，所以"早"是结果，这个场景中要说"来早了"。

二、结果补语的语用平面总结

（一）结果补语的使用条件

第一，含有结果补语的句子，必须要有动作行为，在语法上表

---

① 刘月华、潘文娱、故韡：《实用现代汉语语法》，商务印书馆2001年版，第504—511页。

现为动词。

第二,句中要有结果,通常为动词或者形容词充当。

第三,动作行为是结果产生的原因,动作行为和结果之间互为因果关系。

第四,可以表达已经发生的事情的结果,此时句尾一般有"了";也可以表达未发生的事情,此时一般是期望或者假设会产生某种结果。

(二)结果补语的典型使用场合

安排某项工作,期望得到某种结果;检查工作进度、工作完成情况。

(三)结果补语的表达功能

描述动作产生的结果,对动作进行判断和评价。比如:来晚了、洗干净了。

第三节 结果补语的教学设计

一、三平面讲解

(一)导入

以新年晚会的筹备工作导入,请大家汇报各自负责的工作的进展程度。卫生打扫的情况,包括扫地、擦玻璃等;节目彩排情况,包括舞蹈、相声等准备情况如何。导入新的语法点:玻璃还没擦完,地面擦干净了,舞蹈练好了,相声练完了。

(二) 句法讲解

1. 结构一:S+V+结果补语+O+了

迈克 扫完 地 了。
迈克 擦完 玻璃 了。
否定式:S+(还)+没+V+结果补语+O
迈克还 没扫完 地。
迈克还 没擦完 玻璃。

2. 结构二:O+V+结果补语+了

舞蹈 练好 了。
歌曲 练完 了。
否定式:O+(还)+没+V+结果补语
舞蹈(还)没练好。
歌曲(还)没练完。

(三) 语义讲解

结果补语表示事情有没有达到最终想要的情况,或者某人是否完成了某个动作行为。

(四) 语用讲解

1. 语用条件
(1) 有一个正在进行的活动/项目/事情。
(2) 这个活动/项目/事情有部分已经完成,有部分暂未完成。
(3) 向相关负责人汇报活动/项目/事情个人分工完成的进展情况或者整个活动/项目/事情所包含的各项工作进展情况,看是否出现最终预期的结果。

2. 典型场景

(1) 汇报(描述)某个活动/项目/某件事中个人分工进展情况,强调动作主体。

(2) 汇报(描述)某个活动/项目/某件事中所包含的各项工作进展情况,强调动作对象。

3. 使用功能

(1) 强调某人是否完成了某个动作行为。

(2) 强调事情有没有达到最终想要的情况。

(五) 判断正误,这样说行不行,为什么?

① 他(还)没吃完饭了。

这句话的表达是错的。主语是人的结果补语否定形式通常为主语+(还)+没+动词+结果补语+宾语,表示动作行为未完成,"了"放在句末,通常表示动作是过去发生的并且已完成,前后语义不符合。可以改成"他还没吃完饭",表示吃这个动作的结果还没有完成。

② 上周六我在学校看了我朋友的母亲。

这个句子也是错的。正确的应该是:上周六我在学校看到了我朋友的母亲。因为"看"这个动词后面要加补语,不能直接加"了"。

③ 妈妈听我的话,心里很高兴。

正确的说法是:妈妈听完我的话,心里很高兴。同样是"听"这个动词后面缺少补语。"听"这个动作完成以后,妈妈的心里很开心。

④ 画挂好了。

最后一个句子是正确的。这是以物作主语的结果补语,"挂"这个动词的后面的"好"则是表述这个动作的完成情况。

二、主题式操练

大主题:筹备新年晚会

新的一年即将到来,杰克所在的班级在老师的带领下正紧锣密鼓地筹备着新年晚会,老师让玛丽负责宣传报道、莉莎负责节目彩排、迈克负责卫生打扫、杰克负责采购物品,而班长大卫负责统筹收集四位同学的进展情况。

1. 小主题一:宣传报道情况

展示新年晚会宣传海报,用以下结构来试着说一说完整的句子。

主语+动词+结果补语+宾语+了

主语+(还)+没+动词+结果补语+宾语

宾语+动词+结果补语+了

宾语+(还)+没+动词+结果补语

玛丽做好海报了。

海报做好了。

玛丽还没做好海报。

相机借到了。

玛丽借到相机了。

玛丽还没借到相机。

黑板报画完了。

玛丽画完了黑板报。

玛丽还没画完黑板报。

2. 小主题二:节目彩排

展示节目单,用以下四个结构来试着说句子。

主语＋动词＋结果补语＋宾语＋了
主语＋(还)＋没＋动词＋结果补语＋宾语
宾语＋动词＋结果补语＋了
宾语＋(还)＋没＋动词＋结果补语

朗诵已经练好了。

丽莎练好了朗诵。

朗诵还没有练好。

丽莎还没有练好朗诵。

舞蹈还没排好。

丽莎还没排好舞蹈。

舞蹈已经排好了。

丽莎把舞蹈排好了。

音乐剧已经练完了。

丽莎把音乐剧练完了。

音乐剧还没练完。

丽莎还没练完音乐剧。

3. 小主题三：卫生打扫

地面拖干净了。

迈克把地面拖干净了。

地面还没拖完。

迈克还没拖完地面。

接下来请学生自由地去练习,选择卫生打扫的主题里的事项,和语伴一起练习。

例如：墙面擦没擦干净,桌椅摆没摆整齐,窗帘洗没洗干净,等等。

4. 小主题四：采购物品

请学生自由地去练习,选择采购物品主题里的事项,和语伴一起练习。

例如:零食、饮料、水果、装饰品是否买好了、买到了。

三、任务型教学

(一) 教学性任务

工作汇报

学校的国际文化节举行前夕,有很多工作要做。需要打扫场地,布置场地,采购物品,等等。文化节明天就要开始了,今天请你们一起来检查一下工作的进展情况。

卫生工作		场地布置工作		采购工作	
项目	进展	项目	进展	项目	进展
例:拖地	地拖干净了。				

(二) 真实性任务

长途旅行准备

长途旅行前,我们通常要做充分的准备。比如,了解旅游目的地的情况,天气、酒店、景点、交通工具、饮食等;还要制作旅游攻略,采购各种需要的物品,收拾行李等。

两三个人一起做旅行伙伴,讨论并了解一下以上这些事项准备得怎么样了,用结果补语的多种结构进行表达。

第八章
情态补语案例

第一节 情态补语的偏误分析

刘月华等指出,情态补语是指动词后用"得"连接的表示动作的结果状态的补语,某些形容词也可以用情态补语①。曹春梅认为,情态补语是在谓语动词或形容词带"得"后,用来评价、判断或描写动作或人和物的情态的成分,也可概括为表示动作或状态的结果和程度②。后者指出了情态补语的形式特点、意义和功能,这个定义相对来说更加完善。

在进行情态补语的教学设计之前,我们先对情态补语的常见习得偏误进行调查分析,以便在设计教学方案时,更加具有针对性。根据对学生常见习得偏误的考察,我们发现,情态补语的常见习得偏误有两大类:一类是结构性偏误;另一类是语用性偏误,即对语法的使用条件、表达功能不了解所造成的偏误。

---

① 刘月华、潘文娱、故韡:《实用现代汉语语法》,商务印书馆 2001 年版,第 596 页。
② 曹春梅:《从情态补语的语境讲起》,《喀什师范学院学报》2005 年第 1 期。

一、情态补语的结构性偏误

（一）情况一：丢失动词

比如：

① *她跳舞得很漂亮。

（二）情况二：在表示程度的情态补语句中出现程度副词

比如：

② *爸爸特别忙得团团转。

（三）情况三：语序有误

比如：

③ *他们的日语不说得错。

这些偏误之所以是结构性偏误，原因在于，在这种语境中是可以使用情态补语的，只不过学生对于情态补语的形式特点不够了解，并不是因为此时不该用情态补语进行表达而导致的偏误。也就是说，学生对于情态补语的使用条件是有一定了解的，知道此时可以用情态补语进行表达。

二、情态补语的语用性偏误

这种偏误是由学生对于动词重叠的使用条件不了解所导致的，也就是该用动词重叠的时候没用，或者不该用动词重叠的时候

却用了。例如:

(一) 情况一:该用情态补语却没用

比如:

① *昨天晚上他睡很晚。
② *今天我穿着很多。

(二) 情况二:不该用情态补语却用了

比如:

③ *我今天吃得多了,肚子不舒服。
④ *作业太多,我做得不完了。

情态补语属于述补结构,汉语的述补结构根据语义的不同,分为几种类型,不过述补结构在语义和形式上具有很高的相似性,在应用中很容易产生混淆,由此造成比较多的偏误。具体来说,情态补语会与以下几种语法结构产生混淆:

1. 与可能补语的混淆

⑤ *很多歌手只是好看,唱不好听。
⑥ *她西班牙语说得流利。

句子⑤为情态补语与可能补语否定形式的误用,句子⑥既可能是补语部分形容词前缺失程度副词,也可能是情态补语与可能补语肯定形式的混淆。

情态补语的一种结构形式是"S+VO+V+得+补语",这种结构有时候又可以省略第一个动词,且宾语可以作为话题前置,这种情况下与可能宾语的形式极其相似。例如:

⑦ 我写不好这篇文章。

⑧ 这篇文章我写得不好。

句子⑦是运用可能补语,意思是我不具备写好这篇文章的能力,所以我不可能写好,文章还没有写,是在写之前对自己能力的一种判断;句子⑧是运用情态补语,这篇文章已经写了,"不好"是对写出来的文章所呈现出来的状态、水平所做的判断和评价。

由此可见,可能补语和情态补语的一个重要的区别是"事情有没有发生",可能补语是没有发生的情况,而情态补语是已经发生的情况,这是使用条件的区别;另一个区别在于语义和功能的区别,可能补语是表达可能性、能力,而情态补语是描述状态,表达评价和判断。

2. 与结果补语的混淆

⑨ *我希望自己可以过好得日子。

⑩ *她答得对了。

句子⑨是情态补语与结构补语杂糅,句子⑩是该用结果补语,却用了情态补语。

结果补语和情态补语,在意义上相近,都是事情已经发生,且动词后都有补语,特别是情态补语是形容词时,与结果补语的形式极为相似。不过,结果补语的焦点是对事情最后结果的陈述,而情态补语的语义焦点则是对动作行为发展过程中或结束时,呈现出来的状态、感觉的一种描述。

例如:

⑪ 我看清楚了。

⑫ 我看得很清楚。

句子⑪中的"清楚"是看期望得到的结果,最后实现了;而句子⑫则是在看的过程中,人物主体对看的对象的一种感觉的描述。

3. 与形容词谓语句的混淆

⑬ *我们在教室里讨论很热烈。

⑭ *我不能写汉字很快。

情态补语中的一种就是用来表示程度。其形式特点为,谓词一般由形容词充当,例如:

⑮ 他气得暴跳如雷。

句子⑮是通过描写具体的情态来表达"气"的程度高,因为此时的情态通常特点比较鲜明突出。

也有谓词是动词的。例如:

⑯ 他跑得像一阵风一样。

这个句子虽然是谓词充当谓语中心词,但其实表达的是"快"的意思,补语是形容他跑的速度非常快,像风一样快,通过这个具体的描写突出快的程度。

由上面的分析可以了解到,表程度的补语通常为较为具体的情态描写,因为此时的状态比较鲜明突出,因此语言相对于一般的情态补语而言,会比较复杂、具体。例如:

⑰ 她打扮得很漂亮。

⑱ 他跑得上气不接下气。

句子⑰的补语比较简单,是对打扮的一个简单的评价,即下的结论和判断;而句子⑱则是具体的描写,是表示"累"的程度,此时"上气不接下气"是一个突出的鲜明的状态,这个状态是由跑得太快、太累导致的。

4. 与"V+着"句型的混淆

⑲ *老师写着清清楚楚的。

⑳ *今天我穿着很多。

"V+着"句型可以表示状态,这与情态补语表示状态和情态,在意思上有相似之处。不过"V+着"句型的结构是"V+着+N",既是状态,同时也有存在的意思,是表示在某人/物/地(都可以看作是处所)有什么人/物,且以什么样的状态存在着。

例如:

㉑ 我拿着一本书。

实际上是说我手里有一本书,我的手"拿着"这本书,不是"捧着",也不是"拎着"。这里的状态,其实是不同的动作,这个动作是施加在后面的宾语上的。

而情态补语的结构是"V/adj.+得+补语",补语一般是形容词,或者是复杂的描述性语言。

例如:

㉒ 我记得很清楚。

㉓ 他气得满脸通红。

句子㉒的补语是"副词+形容词",是描述记忆在脑海中呈现出的状态。句子㉓是说生气的程度,"满脸通红"首先是描述脸上的表情,也就是生气呈现出来的样子、状态,同时是用这种具体的情态表达生气的程度很高。

5. 与状语的混淆

㉔ *泰国与中国的关系发展地越来越好。

㉕ *他把房间干干净净地收拾。

句子㉔也可以看作是"得"和"地"的误用,此时只是对"得"和"地"的句法结构不了解所致,如果是这种情况,那就只能算作是形式偏误;句子㉕与句子㉔不同,因为二者的结构不一致,句子㉕是应该用情态补语进行表达,却用了状中结构表达,一个重要的原因在于,状中结构也是可以表示状态的,状语是对谓语中心词的修饰和限制,表达的是"怎样做什么"的意思。

状中结构和含情态补语的述补结构的不同在于,前者是"怎么做",而后者是"做+呈现出的样子",情态补语一定是先做了,然后才是在事情发展的过程中所呈现出来的样子。

6. 与"了""地"混淆

㉖ *路不好走,车开了很慢。

㉗ *他翻译了很清楚,我都懂了。

因为情态补语中的事件,都是已经发生的,所以容易与表示过去、完成的"了"相混淆。情态补语中的事件,虽然已经发生了,但是要表达的语义焦点在情态上,所以应该用情态补语。而"了"句型却没有这样的意思,只是单纯表示事情发生了、完成了、结束了的意思。

情态补语还有一类常见的偏误,就是谓词用得不恰当,但是这一类偏误,严格来说,是词汇的偏误,不能算作是情态补语的偏误。

第二节 情态补语的语用分析

一、情态补语的两种类型

根据前面对情态补语习得偏误的分析,我们发现,情态补语与许多句式具有一定的相似性,在语义上有一些联系,或者在形式上有一定的相似性,但都有区别,在使用条件、表达功能上都有所不同,所应用的场合自然也不一样。

(一) 表状态

当我们要描述做某事时,动作呈现样子、状态或者程度时,可以使用情态补语。

㉘ 我游泳游得很快。
㉙ 刘欢唱歌唱得很好听。

(二) 表程度

与程度补语不同的是,表程度的情态补语,通常也是通过具体状态的描写表现出来的,此时的状态通常程度比较高,描写比较细腻。

例如:

㉚ 他游得像一条鱼一样。
㉛ 她热得满头大汗。

二、情态补语的使用条件

曹春梅提到,情态补语出现的语境背景就是情态补语所要评价、判断或描写的已经发生或正在发生的动作或事件[①]。也就是说,动作已经发生或正在发生是情态补语句出现的前提条件。

情态补语的使用条件包含如下两个方面的要素:

---

① 曹春梅:《从情态补语的语境讲起》,《喀什师范学院学报》2005 年第 1 期。

一是动作已经发生或正在发生;二是对已经发生或正在发生的动作或事件所呈现出的状态进行评价、判断、描写,也就是让大家知道这个状态是怎样的。

三、情态补语的表达功能

(一)情态补语通常可以对动作进行评价

例如:

㉜ 大卫跑步跑得很快。
㉝ 杨丽萍跳舞跳得很美。

此时补语通常是"副词+形容词",其表达目的是对动作进行评价。

(二)对动作或动作的主体的情状进行描写

例如:

㉞ 他跑得气喘吁吁,上气不接下气。
㉟ 我累得腿都要断了。

此时的补语通常是语言比较复杂、细腻的描写,通过描写具体的状态突出程度比较高。

四、情态补语的典型使用场景

根据情态补语的表达功能来看,情态补语的典型使用场景应该集中于对动作进行评价和描写的场景,比如评价电影演员的表演、竞赛中选手的表现等。

第三节　情态补语的教学设计

通过对情态补语偏误和语用平面的深入分析，我们识别出一个显著问题：学生普遍因对该语法点的语用条件缺乏充分理解而频繁出错。这一发现凸显了"以语用为导向"的教学策略的重要性。在教学过程中，我们既要确保句法结构教学的扎实基础，更要显著提升对语用平面的关注度。主题式教学法，凭借其高度融入典型语境的特性，能够使学生直观感受并深刻理解动词重叠的使用条件，因此，其在教学实践中的应用显得尤为关键和重要。

基于以上对于语用平面的分析，我们对情态补语做了如下教学设计。

一、三平面讲解

（一）导入

通过运动员游泳的视频设置情境和提问的方式来导入：
同学们，你们觉得他游泳怎么样？
学生回答："很好""很快"。教师说情态补语："他游泳游得很快""他游泳游得很好"。

（二）句法、语义平面的教学

1. 总结类型

从课文中的情态补语例句，增加补充其他例句，总结情态补语的结构类型：

(1) S(+VO)+V+得+情态(用于评价)

㊱ 大卫游泳游得很快。

㊲ 玛丽跳舞跳得很好。

(2) S(+VO)+V+得+程度(用于描写)

㊳ 玛丽跳舞跳得满头大汗。

㊴ 大卫跑得像一阵风似的。

(3) O+V+得+情态(用于评价)

㊵ 这歌唱得很好听。

㊶ 衣服洗得很干净。

(4) S+adj.+得+程度(用于描写)

㊷ 妈妈急得团团转。

㊸ 孩子热得满脸通红。

2. 运用构式-语块方法，从结构过渡到语义

(1) V+得+情态

这个语块表示动作呈现出来的样子，或动作的发出者、动作的对象表现出来的样子，用于评价。

(2) V+得+程度

这个语块表示动作的状态程度高。例如，跑得像一阵风似的，是为了说明动作很快，快到像风一样。

(3) adj.+得+程度

这个语块表示形容词所表示的状态的程度高。例如，急得团团转，是为了说明人物着急的程度很高。

(三) 练习

1. 组词成句

(1) 很　唱　唱歌　得　好听　大卫
(2) 很　得　写　漂亮　汉字　玛丽　写
(3) 眼泪　妈妈　得　下　激动　了　流
(4) 高兴　跳　同学们　了　起来　得

2. 回答问题

(1) 你现在汉语怎么样？
(2) 你会游泳吗？你游泳游得怎么样？
(3) 你喜欢听谁的歌？为什么？

(四) 三平面讲解教学说明

　　这一部分可以制作成微课，采用翻转课堂的形式，让学生提前学习、做作业。正式上课时，根据课前预习的作业情况，可以有效发现学生对于情态补语的学习中存在的问题。

　　比如，笔者在让学生预习后发现，情态补语的语序习得还会存在一些问题，而在使用情态补语回答问题的时候，也存在用熟悉的形容词谓语句回答，而回避使用情态补语的情况。这说明学生对情态补语结构和使用条件掌握还不够充分。在正式的课堂教学的第一个环节，教师先讲解课前预习阶段留的作业，帮助学生巩固情态补语的结构顺序，区分形容词谓语句和情态补语之间的区别，让学生知道情态补语重在表达对动作所呈现出状态的评价和描述，而形容词谓语句只是对名词的描述和评价，当要对一个人做什么进行评价和描述的时候，用情态补语会更恰当，描述会更细腻。

二、主题式操练

(一) 语用平面的处理方式

1. 初级阶段要不要教语用

赵金铭提出,初级阶段只须教最基本的语法形式,即句法结构,掌握汉语的句型/词序即可;中级阶段所讲语法侧重语义语法,注意句中成分的语义关系及语义搭配,使习得者具备区别语言形式异同的能力;高级阶段侧重语用功能语法的教学,使习得者具备区别语言形式高下的能力,目的在于表达得体[①]。

一方面,我们赞同在课堂上给予学生更多表达空间,教师不宜过度讲授,以免剥夺学生的表达机会。特别是在学习的初级阶段,由于学生的语言理解能力尚显不足,单纯讲解往往难以有效促进知识的实际应用。

另一方面,我们也强调,在教授三平面语法知识时,不应将其机械地割裂开来。语法学习应当从一开始就注重结构、语义及应用的全面性、准确性和得体性,三者相辅相成,缺一不可。否则,学生可能会在语法习得过程中形成偏误,且这些偏误有可能固化,难以纠正,即所谓的"石化现象"。

2. 语用平面的教学方法

在语用平面的学习上,需要采用更为灵活多变的教学策略,运用启发式教学法与主题式操练的形式相结合,可以很好地促进学生的思考和理解。库玛提出的宏观策略框架,主张激活启发式教

[①] 赵金铭:《对外汉语语法教学的三个阶段及其教学主旨》,《世界汉语教学》1996年第3期。

学方法①。吴翊(2011)认为,"开启""启迪"的工作要由教师来做,而"激发"则是要落实到学生身上,即激发他们的学习兴趣、想象力和创新精神;启发式教学方法体现了"学生为主体,教师为主导"现代教学观②。陶沼灵认为,启发式教育法可以弘扬人的主体性,开发人的潜能,发展人的创造性③。

在主题式操练的过程中,教师精心设计贴近生活的语境和主题,采用启发式教学方法,提出问题引导学生思考,让学生在实践中探索、练习。在此过程中,教师适时给予指导和总结,帮助学生自然而然地理解和掌握语用知识,从而达到更好的教学效果。

3. 启发式教学方法举例

在初级班教学中,我们采用三平面知识集中讲解的方式,但也意识到把语用知识直接讲给学生,虽然在讲解中配合了一定的例句和情境的解说,但是学生理解起来仍然难度比较大,反应不是很积极。经过思考,我们在教学中对语用平面采用启发式教学,带领学生思考在这样的语境下会有什么表达冲动,想了解什么,想说明什么,会进行什么样的交际。例如:

(1) 典型情境一:看到别人的新东西时

教师:当我们看到别人穿了一件很漂亮的衣服,这时候你想说什么? 你想了解什么?

学生:这件衣服真漂亮,你是什么时候买的? 是在哪儿买的? 是谁给你买的?

---

① [美]库玛:《全球化社会中的语言教师教育:"知""析""识""行"和"察"的模块模型》,赵杨、付玲毓译,北京大学出版社2014年版,译者序,第1页。
② 吴翊:《启发式教学再认识》,《中国大学教学》2011年第1期。
③ 陶沼灵:《启发式教学方法研究综述》,《中国成人教育》2007年第7期。

……

教师:当我们看到别人用了一台很好的电脑,你也很想买,这时候你会说什么?

学生:这台电脑不错,你是什么时候买的?我也想买一台电脑。你是从哪儿买的?你是从京东买的吗?是你自己买的吗?

……

(2) 典型情境二:购物时

教师:当我们去超市买东西的时候,比如买食物,我们通常会看一下标签,你想了解什么信息?

学生:这个东西是用什么做的,这个东西是什么时候生产的,这个东西是在哪儿生产的。

……

(3) 典型情境三:当我们看到别人的旅行照片时

教师:你会了解这个照片的哪些信息?

学生:照片在哪儿拍的?什么时候去的?和谁一起去的?去那儿是做什么的?

教师:还可以了解酒店、机票等信息。

……

(4) 典型情境四:当收拾整理东西时

教师:我们收拾冰箱的时候,有些东西可能过期了,你可能会看什么?回忆什么?

学生:这个东西是什么时候生产的?这个东西是在哪儿生产的?这个东西是用什么做的?这个东西是在哪儿买的?

……

(二) 情态补语的主题式操练

1. 主题一:我喜欢的歌手
示例:
(1) 小主题1:唱歌水平

教师(启发引导):你喜欢哪个歌手?
学生:周杰伦。
教师(启发引导):为什么?
学生:我觉得他的歌很好听。
老师:你觉得他的歌好听,是周杰伦唱得好听,还是歌好听?
学生:我觉得他的歌好听,他唱得也好听。
老师:大家觉得"周杰伦的歌好听"和"周杰伦唱得好听",一样吗?
学生:不一样。
老师:为什么不一样?
学生:"周杰伦的歌好听",是歌好。"周杰伦唱得好听"是他唱歌很好,是他的唱歌的技巧好,他唱歌的能力高。

……

(2) 歌曲

老师:你喜欢他的哪首歌?
学生:我喜欢他的 Mojito。
老师:你觉得这首歌他唱得怎么样?
学生:我觉得他唱得非常好听。
老师:大家说,为什么要说他唱得非常好听,而不说 Mojito 好听?

学生:因为 Mojito 别人唱可能不好听,周杰伦唱好听,是说他唱歌的能力高。

……

(3) 歌词

老师:这首歌的歌词写得怎么样?
学生:这首歌的歌词写得非常棒。
老师:说这首歌的歌词很棒,可以吗?
学生:可以。
老师:为什么?
学生:歌词好,是说句子很好,很有意思;歌词写得好,是说歌词创作者的能力很高。

……

老师:这首歌的歌词有多好?
学生:因为有些歌词写得特别打动我/让我感动。
老师:老师为什么问"有多好"?老师想知道什么?
学生:老师想知道 degree(度)。

……

(4) 主题拓展

根据示范,学生和学生之间谈论一下他们喜欢的歌手和歌曲,或者舞蹈演员以及舞蹈作品。

……

最后教师带领学生思考,在这种场景下说情态补语的原因,是为了评价动作所呈现出的状态、感觉、样子,要有动词才能使用这个语法。

2. 主题二:我喜欢的球星

通过主题一的启发,学生已经基本了解了情态补语的使用条件和表达功能。然后,继续通过主题式操练帮助学生了解常用的典型场景。

教师启发引导:

刚才我们说情态补语可以评价动作怎么样,也就是状态,以及动作所呈现出状态的程度。刚才我们评价了你们喜欢的歌手以及他们所唱的歌怎么样,现在我们来看看球员,你喜欢某个球员,是因为你觉得他打球或者踢球非常棒。请大家谈谈你喜欢哪个球员,为什么?

示例:

老师:你最喜欢的球员是谁?

学生:我喜欢齐达内。他踢球踢得特别好。

老师(启发思考):请大家再想想,齐达内踢球踢得很好,哪些方面很好呢?

学生:他很厉害。传球传得很准,射门射得也很准。

学生:对,他跑得很快,踢得非常灵活。

学生:我觉得他踢得很聪明。

……

3. 主题三:影评

你喜欢哪部电影?为什么?请用情态补语评价一下或者描述一下。

示例:

演员长得怎么样?

演得怎么样?

角色选得怎么样?

主题曲唱得怎么样？

你看电影时的情绪怎么样？

……

（三）总结

在主题式操练的过程中，通过教师的启发，学生积极思考，基本能领会情态补语的典型使用场景、使用条件、表达功能。在此基础之上，教师再次带领学生简单总结情态补语的结构、意义和语用，夯实三平面知识。

三、任务型教学

（一）教学性任务（课后作业）

介绍一个你喜欢的明星

你喜欢哪个影视演员，为什么喜欢他/她？他/她做什么做得很好，请你介绍一下。

（二）真实性任务（单元作业、实践作业）

艺考

电影学院每年都进行艺考，从报名到考试的过程，从考生和主考老师的角度，从报名、初试、复试、录取几个步骤，在考试后回顾、总结这次考试的情况。请试着用这些语法点来谈：V＋C＋O，V＋得/不＋C，VO＋V＋得＋C。两三个同学一组，进行对话，拍成视频，也可以只录音发送给教师。

考试流程	考生角度	主考教师角度
报名		
初试（笔试）		
复试（面试）		
录取		

第九章
可能补语教学案例

第一节 可能补语的句法和语义研究

一、可能补语的句法

语法的句法结构通常以三种形式进行展示：描述式、图表法和公式法，还有的则是将图表法与另外二者结合在一起。在可能补语这个语法点的教学中，因为这个语法点的结构相对来说较短，结构较为简单，所以我们采用公式法展示结构。

二、可能补语的语义

刘月华等在《实用现代汉语语法》指出，可能补语，就功能来说，主要表示"主客观条件是否允许（某种结果、趋向，某种情况发生）"，并且指出可能补语有三种类型：A 类由"得/不＋结果补语/趋向补语"构成；B 类由"得/不＋了"构成；C 类由"得/不得"构成。

陆庆和在《实用对外汉语教学语法》中将可能补语的意义总结为，或表示有无条件或能力完成某个动作，或表示主客观条件是否为某个动作实现提供了可能性,或考虑到后果,是否可以实行个动作。

杨德峰在《对外汉语教学核心语法》中指出,"动词+得+可能补语"表示主观条件和客观条件是否允许实现某种结果或趋向等。

第二节 可能补语的语用分析

可能补语和能愿动词,都能表达可能性,在实际应用中学生常常会产生混淆。在具体运用语言形式表达的时候,面临着句式选择的问题。什么时候该用可能补语,什么时候该用能愿动词,都要根据语境或表达意图而定①。

上述观点可谓非常有见地,可能补语的语用条件要想分析得非常透彻,必须通过和能愿动词的对比才能实现,不然二者总是会存在模糊的认知地带,影响对于可能补语的认知,进而影响到交际中的选择和表达的准确性。接下来,我们通过可能补语和能愿动词"能"之间的辨析,力图找到二者之间的本质区别,发现可能补语的使用条件。

一、可能补语与能愿动词"能"的区别

(一) 以往对可能补语与能愿动词"能"的研究观点

《博雅汉语·初级起步篇 2》对于可能补语的解析非常简单,其注释为:结果补语或趋向补语之前加上"得/不"构成可能补语,

---

① 李锦姬:《两种可能式的语用分析》,《南京师大学报(社会科学版)》1996 年第 3 期。

表示结果能否实现。该书通过列表来列举结果补语和可能补语之间的变换,以及趋向补语和可能补语之间的变换。

可以说,这种注释是形式和意义的简单概括,尚未涉及语用要素的解析。

我们也参考了《成功之路 2·顺利篇》对于可能补语和能愿动词"能"和"可以"的辨析:可能补语表示行为者有能力进行某个动作,从而达到某种结果。"能"和"可以"也可以表示这个意思;表示"情理上许可不许可""准许不准许"的意思时,一般用"能"或"不能"①。

上书对于可能补语和能愿动词的辨析,指出了非常基本的区别,根据这个辨析,能愿动词和可能补语之间唯一的区别就是能愿动词比可能补语多了两个义项,即"情理上许可不许可""准许不准许"的意思时,一般用"能"或"不能"。我们认为,这样的辨析,不可避免地会造成对于可能补语和能愿动词"能"的混淆,从而导致误用的现象。

我们又参考了权威的对外汉语语法著作的分析。比如,在《实用现代汉语语法》中,设置了可能补语和能愿动词"能"之间的一个辨析练习,判断哪个句子是对的:

① 这个问题他考虑了很久,还是不能想出什么办法来。
② 这个问题他考虑了很久,还是想不出什么办法来。

如果按照上述的解释来看,上述两个例句都没有问题,不会存在正误一说。上述的分析似乎过于简化问题,忽略了更深层次的复杂性,缺乏足够的深度和细致性,是表面化的分析,没有深入挖掘问题的本质。我们认为,在教学中这样处理是不够的。

---

① 邱军:《成功之路 2·顺利篇》,北京语言大学出版社 2008 年版,第 135 页。

相比而言，李锦姬的分析会更加细致。她认为："可能性"就是可能补语和能愿动词表示的语用意义。由于两种可能式的句法结构不同，在实际语言环境中会发生不同的语用意义。可能补语表示主观和客观条件是否允许某种动作或变化情况的可能或不可能实现；能愿动词表示有可能，表示具有某些能力，表示具备主观、客观条件，或主观、客观条件允许实现某一动作或变化，表示情理上许可或准许。与可能式的语用意义相联系，两种可能式的语用价值有所不同。可能补语主要是 C（动补格的后部分）的焦点化，能愿动词是 V（动补格的前部分）的焦点化①。

李锦姬对可能补语和能愿动词"能"的语用分析包括两个方面：一是语用意义。从语用意义的分析来看，可能补语和能愿动词的区别只在于能愿动词多了两个义项，一个义项是具有某些能力，另外一个义项是表示情理上许可或准许，而在主客观条件这个义项的分析上，二者几乎没有不同。二是语用价值。即二者的表达的焦点不一样，可能补语的焦点在补语部分，能愿动词的焦点在后面的动词上。

笔者对李锦姬关于二者的语用意义和语义价值的分析基本认同，但同时也认为，这样的分析不能准确地揭示二者的不同，没有抓住实质。这里有几个疑问：第一，如果能愿动词的语用意义只是比可能补语多了两个义项的话，那么在主客观条件这个义项上，二者是否有差异？在这个义项上，单凭"主客观条件"这一点是否就能解释问题了？第二，能愿动词三个义项之间的共性是什么？第三，能愿动词和可能补语的语用意义的本质区别是什么，有没有一个核心点导致二者有完全的不同，即使在某些情况下二者可以替换，但是语义上是否仍然有不同？第四，二者的语义焦点为什么所

---

① 李锦姬：《两种可能式的语用分析》，《南京师大学报（社会科学版）》1996 年第 3 期。

指不一样?我们认为,可能补语和能愿动词的上述解释仍然没有触及问题的核心。

(二)可能补语与能愿动词"能"的语料考察

现在我们通过列举可能补语"V+得/不+了"和"能"的语料,从中发现二者更多的差异:

1. 第一组语料:可能补语①

A类:动+得/不+C

③ 距离有点远,所以看不清楚,但画布上画的人似乎是我。
④ 我太讨厌物理了,完完全全听不懂。
⑤ 多谢你的宵夜啦,好饱,吃不完。

A类语料,都是做了某事,但是由于主客观条件的限制,所以不能、没办法完成或达到一个理想的效果。③看了,但没办法看清楚;④听了,但没办法听懂;⑤吃了,但是没办法吃完。

B类:动+得/不+了

⑥ 能喝多少喝多少,喝不了赶紧跑呗。
⑦ 你改变不了环境,但你可以改变自己。
⑧ 你最好不要管,再说你也管不了。
⑨ 拍竣的记录电影《夜上海》进不了电影院,见不了观众面。
⑩ 他说自己有两怕:一怕住进去后房主随意涨价,二怕住不了多久被扫地出门。

这一类可能补语表达的是想、要做某事,但是因为主客观条件的限制,要做的事情条件不具备,所以没办法、不能实现愿望,想做的事情不能做。⑥要喝或者已经喝了,但是个人能力限制可能喝

---

① 语料来自 BCC 语料库:https://bcc.blcu.edu.cn/.

不完,达不到别人的预期;⑦想改变环境,甚至尝试在改变环境,但是能力达不到;⑧想管,或者已经管了,但是能力达不到;⑨计划进电影院,但是因为某种客观条件的限制,最后没办法进,观众也没办法看到;⑩想住进去,但是怕住进去房东把自己赶出去,不能住太久。

由此可见,可能补语的意义构成有三:一是想做、要做、打算做,或者做了;二是主客观条件限制;三是不能产生理想的效果、达不到预期(A类),或是主客观条件的限制导致事情没办法发生(B类)。

所以可能补语的意义在于,动作要发生或者发生了,但是结果得不到,或者不能有理想的结果。这也就可以解释为什么李锦姬认为,可能补语的意义焦点在动词后面的"C"。因为可能先要有这个动作的发生,而这个结果是不能得到的,所以动词后面要有补语。

我们再来看能愿动词"能",由于可能补语在使用中主要是否定式居多,所以我们也拿"能"的否定式进行对比。

2. 第二组语料:能①

A类:没有能力

⑪ 我试图将她的头扶起,但是怎么也不能。
⑫ 小指掌指关节屈曲可以,但不能伸直。
⑬ 为了体恤不能久站的Selina,广告在5小时内拍完。

B类:没有可能性

⑭ 这种发明创造,丝毫也不能为民族争光,只是给大家丢丑。
⑮ 忠孝不能两全,七年才探母一次,是为不孝。

---

① 语料来自BCC语料库:https://bcc.blcu.edu.cn/.

C 类：禁止

⑯ 经济高速发展不能以牺牲环境作代价。
⑰ 你顽皮淘气大哥喜欢，却不能乱了长幼。
⑱ 要一心一意为集体，绝对不能三心二意。
⑲ 不能一提改进生活方式，就放纵自己的生活私欲。

A 类侧重没有能力，达不到做某事所需能力的最低标准，所以"能"后面动词所表示的事情不可能发生；B 类表示没有某种可能性，因为某种原因导致事情没有可能发生；C 类表示禁止，因为事情发生会带来不良影响，所以不允许该事发生。三类"不能"都表示因为某种原因使某事没有发生的可能性或不存在这种事情发生的可能性，是从源头上断绝，也就是动词所表示的动作、事件，没有发生的可能性。这是它们与可能补语的本质区别。可能补语动词所表示的事件要先发生，或者希望这件事发生，从主观上是有这个需要和愿望的，只是因为一些不利因素，导致这件事没有办法发生，或者发生了不能保证有期望的结果出现。

二、可能补语的语用总结

(一) 可能补语的使用条件

"V＋得/不＋了"这一类可能补语，多用于否定句，也就是"V＋不＋了"。从前面的分析可以了解到，"V＋得/不＋了"这类可能补语表示：(1) 想做、要做、打算做某事；(2) 主客观条件不具备；(3) 主客观条件的限制导致事情没办法发生。

"V＋得＋了"多用于疑问句，比如"这么多饺子，你吃得了吗？"质疑这种能力，暗含一种否定的意思："这么多饺子，你吃不了"。或者对别人的驳斥,比如,"这才几个饺子啊,吃得了!""这才几个饺子啊,怎么吃不了呢?"

(二)可能补语的典型使用场景

根据这些语用条件的分析,我们经过思考,"V+得/不+了"是一个常用的语法点,比如,认为在有极端天气的时候,如台风、暴雨、地震等情况下,会造成断水断电、阻断交通等各种麻烦,所以导致很多该做的事情却没法做。

除此以外,如新冠病毒、人老体衰、生病、工作或学习太忙,在这些情况下,我们都有很多想做却不能做的事情,这也是可能补语的典型使用场景。

(三)可能补语的表达功能

1. 表否定,能力、条件达不到,用于否定句

⑳ 饺子太多了,吃不了。
㉑ 天太热了,跑不了步。

2. 表质疑,能力、条件达不到,用于疑问句

㉒ 这么多饺子,你吃得了吗?
㉓ 天这么热,跑得了步吗?

3. 驳斥质疑,能力、条件能达到,用于陈述句

㉔ 这才几个饺子啊,吃得了!
㉕ 才30度而已,跑得了!

第三节 可能补语"V+得/不+了"的教学设计

一、三平面讲解

(一) 导入

以台风天的卫星云图导入,请大家思考,这种天气好不好?会有什么麻烦?会停水、停电,停水了有很多想做但是不能做的事情,比如停水了不能做什么呢?停水了,不能洗澡,那你想不想、要不要洗澡?想洗,要洗,但是没办法洗,这时候我们可以说:"今天停水了,洗不了澡。"

(二) 讲解

1. 结构:V+得/不+了

㉖ 停水了,洗不了澡。
㉗ 停水了,冲不了马桶。

2. 语义
启发思考:
想洗澡吗?要冲马桶吗?(想、要)
为什么不洗澡?为什么不冲马桶?(没有水,不具备洗澡和冲马桶的条件)

总结:"V+得/不+了"表示想做、要做、得做、应该做、计划做的某事,因为不具备某个条件,所以不能做。

3. 辨析

(1) 判断正误,A 和 B 哪个正确,为什么?

A:这个问题他考虑了很久,还是不能想出什么办法来。

B:这个问题他考虑了很久,还是想不出什么办法来。

正确答案应该是 B,原因是"想这个问题"这件行为、这件事,已经发生了,只是没有得到想要的结果,就是那个办法没有产生,即办法不能"出来"。而 A 用的"不能",是表示想这个行为,从源头上被掐断了,这样就会和前半句"他考虑了很久"产生矛盾。

(2) 填空

㉘ 西瓜太大,_____(吃)。

㉙ 这块西瓜是给妈妈留的,你_____(吃)。

㉚ 我的脚崴得很严重,_____了。(走路)

答案:

第㉘题:西瓜太大,咱们俩吃不了。两人在吃或者要吃,但是根据判断,西瓜太大,他们两个吃不完。

第㉙题:这块西瓜是给妈妈留的,你不能吃。西瓜是给妈妈的,不是给你的,从源头上断绝"你"吃的机会。

第㉚题:我的脚崴得很严重,不能走路了/走不了路了。"可能补语"和"能"都行。脚受伤很严重,不具备走路的条件,断绝了走路的可能性。脚受伤很严重,想走路也没法走。

二、主题式操练

大主题:台风天

台风天会刮大风,下大雨,还会造成停水、停电,这时候会给我们带来很多不方便,有一些应该做、想做的事情,却没办法做。台风天又可以细分出很多小的主题。

(一) 小主题1:停水的麻烦

停水了,洗不了澡。
停水了,洗不了衣服。
停水了,洗不了菜。
停水了,洗不了碗。
停水了,冲不了马桶。
停水了,拖不了地。
……

(二) 小主题2:停电的麻烦

停电了,看不了电视。
停电了,用不了电脑。
停电了,上不了网。
停电了,开不了空调。
停电了,用不了热水器。
停电了,乘不了电梯。
……

(三) 小主题3:刮台风的麻烦

刮台风,我撑不了伞。
刮台风,我骑不了自行车。
刮台风,我出不了门。
刮台风,我回不了家。
刮台风,我逛不了街。
刮台风,我看不了电影。

......

(四) 小主题4:下暴雨的麻烦

下暴雨,上不了班。

下暴雨,上不了学。

下暴雨,跑不了步。

下暴雨,踢不了球。

下暴雨,乘不了地铁。

下暴雨,打不了出租车。

......

三、任务型教学

(一) 教学性任务

两个同学一组,讨论一下,刮台风的时候,生活中会有哪些不便?问的同学,请用"……V+得/不+了+N.+吗?"这样的句子来问;回答的同学,请用"V+得/不+了+N."这样的句子来回答。最后,请将那些让你生活不方便的事情,用"V+得/不+了+N."句式填写进表格中。

例如:

A:台风来了,我们这里下了大雨。

B:哎呀! 那你们生活有没有受到影响啊? 那你们还要上课吗?

A:上不了课了! 我们全市都停课了!

......

V＋得/不＋了＋N.		
……下大雨/发洪水	停电	停水

（二）真实性任务（课后作业）

课外活动——调查自然灾害

你们国家曾经发生过什么自然灾害？例如：地震、火山喷发、海啸、山体滑坡、暴雨等，上网查询资料，或者采访知情者，从不同方面了解该次自然灾害对老百姓生活造成的影响。请尽量使用"V＋得/不＋了＋N."进行描述。制作PPT，配上图片和文字，介绍这次自然灾害的后果。下次上课时在课堂展示你的调查结果。

（三）主题拓展

除了极端天气之外，还有很多麻烦给我们的生活造成不便。比如，新冠肺炎、人老体衰、生病、工作或学习太忙。诸如此类，我们都有很多想做却不能做的事情，请你思考一下，在这些情况下，有哪些事情人们没办法做呢？你能否用"V＋得/不＋了"这个结构表达一下呢？

学生的输出内容如下：

(1) 新冠肺炎：

居家隔离的麻烦：去不了中国、上不了地面课、去不了超市、买不了菜、去不了饭馆、上不了学、见不了朋友、约不了会、回不了老家。

飞机熔断的麻烦：飞机飞不了、去不了美国、留不了学、出不了差、做不了生意。

地铁停运的麻烦：坐不了地铁、去不了远的地方。

签证停办：办不了签证、出不了国、回不了国、去不了中国留学。

(2) 人老体衰：跑不了步、跳不了舞、爬不了楼梯。

(3) 生了大病：动不了、做不了工作、起不了床、吃不了饭、吃不了凉菜、吃不了辣的。

(4) 工作、学习非常忙：照顾不了孩子、做不了饭、见不了朋友、休息不了、约不了会。

(2)(3)(4)三个主题只是稍作拓展，目的是打开学生的思路，给学生留下启发，以后在这种交际场合，可以灵活运用可能补语进行交际。

参考文献

中文文献：

[1] 曹贤文:《试论语言项目视角下国际汉语有效教学模式研究》,《华文教学与研究》2016 年第 1 期。

[2] 陈力:《外语教学法的"后方法"时代》,《山东师范大学外国语学院学报(基础英语教育)》2009 年第 3 期。

[3] 陈申、崔永华、郭春贵等:《后方法理论视野下的对外汉语教学研究——第 11 届对外汉语国际学术研讨会观点汇辑》,《世界汉语教学》2014 年第 4 期。

[4] 崔永华:《后方法时代的汉语教学理论建设》,《国际汉语教学研究》2016 年第 2 期。

[5] 崔永华:《基础汉语教学模式的改革》,《世界汉语教学》1999 年第 1 期。

[6] 丁安琪、丁涵:《后方法时代的第二语言教学法创新》,《天津师范大学学报(社会科学版)》2022 年第 2 期。

[7] 冯胜利:《三一语法:结构·功能·语境——初中级汉语语法点教学指南》,北京大学出版社 2015 年版。

[8] 高越、郭涛:《在意义中聚焦形式:内涵、运用与评述》,《外国语文》2011 年第 1 期。

[9] 龚亚夫、罗少茜:《任务型语言教学》,人民教育出版社 2006 年版。

[10] 胡文仲、高一虹:《外语教学与文化》,湖南教育出版社 1997 年版。

[11] 姜丽萍等:《国际汉语教学模式研究》,北京语言大学出版社 2023 年版。

[12] 孔子学院总部、国家汉办:《国际汉语教学通用课程大纲》,北京语言大学出版社 2014 年版。

[13] [美]库玛:《超越教学法》,陶健敏译,北京大学出版社 2013 年版。

[14] [美]库玛:《全球化社会中的语言教师教育:"知""析""识""行"和"察"的模块模型》,赵杨、付玲毓译,北京大学出版社 2014 年版。

[15] [美]库玛:《第一讲　语言教学法的历史发展》,刘颂浩、柳江译,《国际汉语教学研究》2017年第1期。

[16] [美]库玛:《第二讲　超越方法以及后方法教学》,刘颂浩、柳江译,《国际汉语教学研究》2017年第1期。

[17] 李锦姬:《两种可能式的语用分析》,《南京师大学报(社会科学版)》1996年第3期。

[18] 刘颂浩:《中国对外汉语教学模式的创建问题》,《华文教学与研究》2014年第2期。

[19] 刘颂浩:《教学模式讨论和对外汉语教学学术环境建设》,《华文教学与研究》2016年第1期。

[20] 刘小涛:《语言能力和语言知识》,上海大学出版社2018年版。

[21] 刘珣:《对外汉语教育学引论》,北京语言大学出版社2000年版。

[22] 刘月华等:《实用现代汉语语法》,商务印书馆2001年版。

[23] 卢福波:《谈谈对外汉语表达语法的教学问题》,《语言教学与研究》2000年第2期。

[24] 卢福波:《对外汉语教学语法的体系与方法问题》,《汉语学习》2002年第2期。

[25] 卢福波:《语法教学与认知理念》,《汉语学习》2007年第3期。

[26] 卢福波:《汉语语法点教学案例研究》,商务印书馆2016年版。

[27] 卢福波:《汉语语法教学理论与方法》,北京语言大学出版社2022年版。

[28] 鲁健骥:《外国人学汉语的语法偏误分析》,《语言教学与研究》1994年第1期。

[29] 鲁健骥:《有感于"后方法时代"》,《国际汉语教学研究》2016年第2期。

[30] 罗钱君:《外语输出型教学与"形式协商"》,暨南大学出版社2014年版。

[31] 吕文华:《谈结果补语的意义》,《语言教学与研究》1982年第3期。

[32] 马箭飞:《任务式大纲与汉语交际任务》,《语言教学与研究》2002年第4期。

[33] 马箭飞:《以"交际任务"为基础的汉语短期教学新模式》,《世界汉语教学》2000年第4期。

[34] [美]乔伊斯等:《教学模式》,荆建华等译,中国轻工业出版社2002年版。

[35] 邵敬敏:《"语义语法"说略》,《暨南学报(人文科学与社会科学版)》2004年第1期。

[36] 苏丹洁、陆俭明:《"构式-语块"句法分析法和教学法》,《世界汉语教学》2010年第4期。

[37] 陶健敏:《Kumaravadivelu"后方法"语言教育理论述评》,《语言教学与研究》2007年第6期。

[38] 陶健敏:《教师赋权:库玛"后方法理论"的核心命题》,《国际汉语教学研究》2016年第2期。

[39] 王红旗:《谓词充当结果补语的语义限制》,《汉语学习》1993年第4期。

[40] 王红旗:《动结式述补结构的语义是什么》,《汉语学习》1996年第1期。

[41] 王燕飞:《论语外偏误与语内偏误——以"把"字句为例》,《语言文字应用》2014年第1期。

[42] 吴勇毅:《汉语作为第二语言/外语教学法研究四十年之拾穗》,《国际汉语教育(中英文)》2018年第4期。

[43] 吴中伟、郭鹏:《对外汉语任务型教学》,北京大学出版社2009年版。

[44] 武和平、武海霞:《外语教学方法与流派》,外语教学与研究出版社2014年版。

[45] 赵金铭:《对外汉语语法教学的三个阶段及其教学主旨》,《世界汉语教学》1996年第3期。

[46] 赵金铭:《对外汉语教学法回视与再认识》,《世界汉语教学》2010年第2期。

外文文献:

[1] D. Nunan, *Designing Tasks for the Communicative Classroom*,北京:人民教育出版社2000年版。

[2] David M. Bell, "Method and Postmethod: Are They Really So Incompatible?", *Tesol Quarterly*, Vol.37, No.2, 2003.

[3] S. Fotos, "Communicating about Grammar: A Task-Based Approach", *Tesol Quarterly*, Vol.25, No.4, 1991.

[4] N. Hossein, S. Fotos, "Current Developments in Research on the Teaching of Grammar", *Annual Review of Applied Linguistics*, Vol.24, No.1, 2004.

[5] Jee Eun Lee, Jae Keun Lee, "Focus on Form: A Holistic Review of EFL Pedagogy", *Modern English Education*, Vol.13, No.3, 2012.

[6] Buja Kim, "Form-focused Instruction in Incidental Learning of English Verb Patterns", *English Language & Literature Teaching*, Vol.16, No.3, 2010.

[7] M. H. Long, "Focus on Form: A Design Feature in Language Teaching Methodology", *Foreign Language Research in Cross-Cultural Perspective*, Amsterdam: John Benjamins, 1991.

[8] M. H. Long, Crookes, "Units of Analysis in Syllabus Design: The Case for the Task", *Tasks in a Pedagogical Context: Integrating Theory and Practice*, Clevedon: Multilingual Matters, 1993.

[9] M. H. Long, "The Role of the Linguistic Environment in Second Language Acquisition", *Handbook of Second Language Acquisition*, San Diego: Academic Press, 1996.

[10] Punahm Park, "Learner Attitude towards a Form-focused Task and a Meaning-focused Task", *English 21*, Vol.16, 2007.

[11] Penny Cook, "The Concept of Method, Interested Knowledge, and the Politics of Language", *TESOL Quarterly*, Vol.23, No.4, 1989.

[12] N. S. Prabhu, *Second Language Pedagogy*, Oxford: Oxford University Press, 1987.

[13] Rod Ellis, "Focus on Form: Critical Review", *Language Teaching Reasearch*, Vol.20, No.3, 2016.

[14] Rod Ellis, *Tasked-based Language Learning and Teaching*, Oxford: Oxford University Press, 2003.

[15] R. W. Schmidt, "The role of Consciousness in Second Language Learning", *Applied Linguistics*, Vol.11, No.2, 1990.

[16] L. Sippel, "Maximizing the Benefits of Peer Interaction: Form-focused Instruction and Peer Feedback Training", *Language Teaching Research*, Vol.28, No.2, 2021.

[17] P. A. Skehan, *Cognitive Approach to Language Learning*, Oxford: Oxford University Press, 1998.

[18] Stephen D. Krashen, *Second Language Acquisition and Second Language Learning*, New York: Prentice Hall, 1988.

[19] H. Widdowson, *Aspects of Language Teaching*, Oxford: Oxford University Press, 1990.

[20] J. Willis, *A Framework for Task-based Learning*, London: Addison Wesley Longman Limited, 1996.

图书在版编目(CIP)数据

汉语语法教学模式探究/王燕飞,伍英姿,吕蔚著.
上海:复旦大学出版社,2024.12. -- ISBN 978-7-309-17755-8
Ⅰ. H195.3
中国国家版本馆 CIP 数据核字第 2024TN4973 号

汉语语法教学模式探究
王燕飞　伍英姿　吕　蔚　著
责任编辑/宋启立

复旦大学出版社有限公司出版发行
上海市国权路 579 号　邮编:200433
网址:fupnet@fudanpress.com　http://www.fudanpress.com
门市零售:86-21-65102580　团体订购:86-21-65104505
出版部电话:86-21-65642845
上海四维数字图文有限公司

开本 890 毫米×1240 毫米　1/32　印张 7.375　字数 178 千字
2024 年 12 月第 1 版
2024 年 12 月第 1 版第 1 次印刷

ISBN 978-7-309-17755-8/H·3468
定价:58.00 元

如有印装质量问题,请向复旦大学出版社有限公司出版部调换。
版权所有　侵权必究